I0153595

X

C.

MANUEL

DE L'ORATEUR ET DU LECTEUR.

PARIS. — IMPRIMERIE DE SAPIA,

RUE DU DOYENNÉ, 12.

MANUEL

DE

L'ORATEUR ET DU LECTEUR

OU

NOUVELLE MÉTHODE

POUR APPRENDRE A MANIER LA PAROLE, ET EN FAIRE L'APPLICATION
A TOUT CE QUI PEUT ÊTRE DIT OU LU.

PAR M. DUQUESNOIS

PROFESSEUR D'ÉLOQUENCE PARLÉE A L'ATHÉNÉE ROYAL, ET EX-PROFESSEUR
AU COLLÉGE ROYAL D'HENRI IV, ETC.

———— ✦ ————

Cette méthode a été exposée et développée à l'Athénée royal en 1837,
et depuis au Collége royal militaire de La Flèche, et dans
plusieurs grands et petits Séminaires de la France
et de la Belgique.

PARIS

CHEZ SAPIA, LIBRAIRE-ÉDITEUR,

RUES DE SÈVRES 16, ET DU DOYENNÉ 12.

——

1841.

AVIS

—

L'art de la parole devenant indispensable dans un gouvernement où tous les hommes peuvent parvenir aux premiers emplois par leur mérite et leur talent, il est nécessaire maintenant de se livrer aux études qui constituent les différentes parties du mécanisme de l'art de lire à haute voix. On ne se persuade pas assez que, pour obtenir les avantages d'une bonne lecture, il faut se livrer à un exercice fondé sur des règles certaines.

Un savant français, qui a beaucoup vu, beaucoup observé, beaucoup pratiqué dans l'instruction publique, et dont le caractère, les lumières et la philosophie sont dignes de la confiance des pères de famille et des instituteurs, M. Taillefer, inspecteur de l'Académie de Paris, a dit, dans un ouvrage qui est devenu le manuel de tous les professeurs : « Ce n'est pas seulement dans quelques « établissements que la manière de lire est détestable; « ce n'est pas dans les seules classes élémentaires, c'est « dans toutes; c'est sur tous les points de la France, au

1

« sein de la capitale, comme à l'extrémité des départe-
« ments..... Comment se fait-il que la nation française,
« qui regarde sa langue comme en possession de donner
« le ton à la plupart des langues de l'Europe, ait pu res-
« ter, jusqu'à ce moment, aussi indifférente sur ce vice
« de l'instruction publique ? Car, tel est le degré auquel
« il est poussé dans nos colléges et dans nos écoles, que,
« si les usages et les relations de la vie commune ne ve-
« naient pas rompre les habitudes prises par les enfants
« dès les premières années, bientôt ils n'articuleraient
« plus qu'un jargon barbare et inintelligible. »

Si nous cherchons la cause de cet état déplorable,
nous la trouvons dans l'absence complète de professeurs
sachant lire. Si on leur eût appris le mécanisme de la
lecture, ils l'apprendraient à leurs élèves tout aussi bien
que les autres connaissances qu'ils leur enseignent. On
peut dire que, dans les colléges et dans les institutions,
on nous apprend tout, excepté à parler correctement et
à lire ce que nous avons écrit. Comme il y a unité dans
la manière d'enseigner la langue écrite, de même il devrait y avoir unité dans la manière d'enseigner la langue
parlée. Cela étant, on ne dirait plus à Paris, en enten-
dant parler une personne, qu'elle est de telle ou telle
province.

C'est dans l'espoir de remplir cette lacune que je livre
à l'impression ces discours, composés pour un cours
théorique sur l'art de manier la parole (1). Depuis quatre ans j'ai fait l'application des principes qui s'y trouvent développés dans des établissements de tous genres,
*Ecole royale militaire de La Flèche, colléges royaux,
petits et grands séminaires, pensions de demoiselles* tenues par des dames religieuses, et autres. Dans

(1) Ce cours a été fait à l'Athénée royal.

ce moment même je dirige les élèves du petit Séminaire de Versailles. Les résultats que j'obtiens sont tellement satisfaisants, que M. le supérieur, convaincu de l'excellence de ma méthode, et persuadé qu'il y aurait pour les jeunes gens de grands avantages à posséder un ouvrage qui mît continuellement sous leurs yeux des règles justes et des exemples bien raisonnés, a souscrit pour tous les élèves. Sans cette circonstance, il est plus que probable que ces discours n'auraient pas encore vu le jour. Je les ai réunis sous le titre de *Manuel de l'orateur et du lecteur.*

Ce manuel contient tout ce qui a rapport à la mise en action de la parole :

1° Le son; sa formation et sa division;

2° Les lettres consonnes; comment il faut placer les organes pour les former;

3° L'oreille; comment il faut phraser pour plaire à cet organe. Méthode nouvelle qui conserve à la pensée toute sa netteté et toute sa puissance;

4° Les poumons; comment il faut respirer pour réparer et multiplier en quelque sorte les ressources de cet organe;

5° Le corps et la physionomie; ce qu'il faut faire pour donner de l'à-plomb à son corps, de la grâce à ses gestes, et de la noblesse à sa physionomie;

6° L'intelligence. Comment il faut étudier les pensées pour leur donner l'expression qui leur convient.

Comme la prononciation est la base de la lecture à haute voix, cet ouvrage convient à toutes les professions et à tous les âges. Les enfants, il est vrai, ne peuvent concevoir parfaitement toutes les nuances d'une pensée; mais leur voix se ploie plus facilement à toutes les modifications des sons. En peu de temps leur prononciation devient exacte, nette et régulière; leur oreille, cet organe si difficile à satisfaire, s'accoutume à saisir, sans peine, sans étude, les grâces de la diction. « Les enfants « bien dirigés n'anéantiront plus sans pitié, dit encore « M. Taillefer, la mélodie et les accents délicieux de ces « maîtres de la poésie et de l'éloquence, de ces modèles « de la chaire et de la tribune, dont les beautés doivent « leur être familières. »

Il est peut-être encore plus urgent d'introduire dans les établissements de demoiselles les fondements d'une bonne prononciation et d'une bonne lecture. En effet, les demoiselles ne sont-elles pas appelées à devenir mères, et comme telles à diriger l'enfance? « C'est du soin qu'elles prennent à former nos premiers sons que dépend pour nous une bonne ou une mauvaise prononciation, » dit Quintilien. On ne saurait donc trop développer tout ce qui peut contribuer à leur donner une prononciation exacte, et surtout trop recommander aux dames religieuses et aux maîtresses de pension de s'occuper sérieusement de cette partie si importante de l'instruction. Les résultats en seraient immenses.

Cet ouvrage paraîtra par livraisons de 16 pages, à raison de 30 centimes la livraison, pour les élèves des pensionnats, et de 50 centimes pour les autres personnes. Il paraîtra deux livraisons par semaine.

S'adresser, pour les livraisons des élèves, à M. Duquesnois, rue des Fossés-Saint-Victor, 33. (Affranchir.)

N. B. M. Duquesnois fera une analyse philosophique de la première scène d'*Athalie*, de Racine, de *la Prière*, de M. Lamartine; du *Loup* et du *Chien*, de La Fontaine; de la *Lanterne magique*, de Florian; de la *pauvre fille*, de Soumet; du *Meunier Sans-Souci*, d'Andrieux; de l'*Exorde* du père Bridaine, etc.

MANUEL

L'ORATEUR ET DU LECTEUR.

PREMIER DISCOURS.

Pourquoi la lecture à haute voix est-elle négligée ?

Messieurs,

En venant vous exposer et vous développer les différentes manières de modifier la voix pour donner à une
lecture ou au débit d'un morceau de la variété et de l'expression, je n'ai point la prétention de m'ériger en
maître. Aussi, je vous prie de ne voir en moi qu'un ar-
tiste excité par le seul désir de propager un art trop négligé, et cependant si digne de fixer l'attention.

Et en effet, messieurs, qu'y a-t-il que nous devions
cultiver avec plus de soin que la parole, puisque c'est
elle qui nous facilite les moyens de développer toutes les
ressources de notre intelligence. Qui pourrait mettre en
doute que l'homme, dépourvu de cet organe, eût pu jamais former de sociétés ? C'est en vain qu'il eût eu re-
cours à ses mains et à ses yeux, interprètes trop impar-
faits et trop insuffisants pour rendre toutes les variétés
des sensations de son âme. Si la parole est le lien qui

réunit les hommes ; si elle devient plus importante lorsque leurs connaissances s'étendent, d'où vient que, chez
un peuple aussi avancé dans les sciences et dans les arts
que le peuple français, elle est presque entièrement négligée ? Un préjugé, messieurs, un simple préjugé, malheureusement trop répandu, est la seule cause qui s'oppose à son développement. N'entendez-vous pas répéter
tous les jours qu'il faut lire comme l'on parle, c'est-à-
dire naturellement ? Cette proposition qui, au premier
abord, semble de la plus grande vérité, est cependant
on ne peut plus fausse. Qu'est-ce qu'on entend par lire
ou dire naturellement ? est-ce lire comme tout le monde
parle ; car enfin tout le monde parle naturellement ? Si
c'est comme tout le monde parle, d'où vient qu'il y a si
peu de personnes à exciter l'intérêt lorsqu'elles lisent ou
qu'elles parlent ? C'est qu'il est aussi difficile de bien
parler devant un auditoire que de bien peindre, de bien
sculpter ou de bien écrire. Voulez-vous des preuves certaines de ce que j'avance ? Parcourez nos assemblées lé-
gislatives, nos académies savantes ; partout vous verrez
combien le nombre des personnes qui lisent naturellement est minime, tandis que tous les membres de ces
assemblées et de ces sociétés savantes écrivent parfaitement le français. Pourquoi ces messieurs écrivent-ils si
bien et parlent-ils si mal en public ? C'est qu'ils ont appris l'un et qu'ils ignorent entièrement l'autre.

L'art existe partout où l'un secoue le joug des règles,
et l'autre s'y soumet ; partout où celui qui a appris fait
mieux que celui qui ne sait rien. Or, dans la lecture à
haute voix, non-seulement l'homme instruit l'emportera
sur l'ignorant, mais encore celui qui s'en sera le plus
occupé surpassera celui qui n'en aura fait qu'une étude
imparfaite. Sans doute l'art ne peut rien sans le secours
de la nature, tandis que la nature sans l'art est encore

quelque chose ; mais je soutiens et je prouverai que ceux chez qui la nature est développée par l'art, devront plus à l'art qu'à la nature. La nature, c'est la matière; l'art, c'est la science : celle-ci crée ; l'autre est créée ; la matière même sans art est précieuse ; mais la matière fertilisée par l'art est, sans contredit , préférable à la plus riche matière. Eh bien ! quelle est la matière principale de la lecture ou de la déclamation ? La voix. Qu'est-ce qui donne à la voix de la vie ? La prononciation. C'est elle qui communique une force et une vertu merveilleuse au discours. Ce qui importe, ce n'est pas tant le mérite intrinsèque d'une composition, que la manière dont elle est prononcée, puisqu'on ne peut être affecté qu'en raison de ce qu'on entend. Je ne crains pas de l'affirmer, un ouvrage même médiocre, relevé par les prestiges du débit, produira plus d'effet que le meilleur qui en sera dénué. Aussi, le prince des orateurs, Démosthènes, interrogé sur ce qu'on devait mettre en première ligne dans l'art de la parole, donne-t-il la palme à la prononciation ; et, comme on le pressait de dire à quoi il assignait le second rang, puis le troisième, il nomme toujours la prononciation ; d'où l'on peut conclure qu'il la jugeait non la qualité principale, mais la seule qui fasse l'orateur.

C'est une erreur de croire qu'il n'y ait point de règles pour la prononciation ; elles sont les mêmes que celles du discours écrit. Ainsi que lui elle doit être correcte, claire, élégante, et adaptée au sujet. Elle sera correcte, c'est-à-dire exempte de défauts, si l'accent est facile, net, doux et poli. Deux choses concourent à rendre la prononciation claire : la première, c'est d'articuler nettement toutes les syllabes ; la seconde, c'est que toutes les parties d'un discours se détachent parfaitement, c'est-à-dire de savoir prendre à propos ses points de départ et d'arrêt, et observer quand il y a lieu de soutenir, de précipiter ou de suspendre le sens.

S'il est vrai, comme je viens de le dire, que la prononciation soit tout, on conviendra qu'il est nécessaire d'être dirigé par une oreille exercée, qui nous familiarise avec une bonne articulation, et nous aplanisse ainsi toutes les difficultés, en nous empêchant de perdre en recherches un temps que nous pourrions employer plus utilement.

DEUXIÈME DISCOURS.

De la voix instrumentale.

Messieurs,

C'est par la voix que nous développons et que nous communiquons le plus souvent aux autres, soit les impressions que nous éprouvons, soit les situations dans lesquelles nous nous sommes trouvés. Sans vouloir approfondir les causes de la formation de la voix, je dirai que pour moi elle est tantôt voix naturelle et tantôt instrumentale; naturelle, lorsqu'elle est l'interprète des différentes sensations que nous éprouvons; et instrumentale, lorsqu'elle nous sert pour rendre les sensations des autres, ou les nôtres, lorsque nous ne sommes plus sous leur influence. Dans le premier cas, il nous est impossible de nous en rendre maître, puisqu'il faut qu'elle obéisse à l'impulsion qui lui est donnée par la nature. Qui pourrait en effet diriger les cris d'une mère qui voit son fils tomber sous les coups d'un assassin, ou ceux d'une fille qui dispute à des bourreaux la tête de son père? La nature est sublime dans ces grands mouvements, où elle est toute en action. Eh bien! c'est à cette sublimité que l'on doit tâcher d'arriver par l'imitation. Si l'on ne parlait que quand on est sous l'influence d'une violente passion, on n'aurait pas besoin de se familiariser avec la voix, qui serait toujours bien, parce qu'elle serait le cri de la nature. Cette première partie de la voix étant au-dessus de l'intelligence humaine, nous ne nous y arrêterons pas davantage.

Passons donc à la voix instrumentale, qui nous sert à

imiter les différentes situations de l'âme ou les fictions de l'imagination.

En effet, messieurs, si ce n'était point un instrument, rien ne serait plus ordinaire de rencontrer des personnes sachant parfaitement lire ou dire, il suffirait de comprendre un passage pour le bien interpréter. Les auteurs liraient leurs ouvrages dans la perfection ; cependant il n'en est point ainsi ; la plupart les lisent même fort mal.

Mais d'où vient qu'un auteur ne peut pas bien lire ce qu'il a conçu et écrit ? En voici la raison qui est très-simple : c'est qu'en lisant, il redevient lecteur. Ah ! si, dans le moment où il était sous l'influence de ses nobles pensées, il vous les eût communiquées, nul doute qu'il n'eût été sublime ; car alors il eût été lui ; sa voix eût été un organe parfaitement en rapport avec ses pensées ; elle eût été une des parties du grand tout. Mais, lorsqu'il lit son ouvrage, il n'est plus lui, il est lecteur, et par conséquent se trouve soumis à toutes les règles qu'impose le débit. Il est donc impossible de pouvoir bien lire, même ses ouvrages, si l'on ne connaît parfaitement l'instrument chargé de traduire nos pensées, lorsque nous ne sommes plus sous leurs influences, ou celles des autres, quand nous voulons les imiter.

En considérant la voix comme un instrument, mon intention est de détruire un autre préjugé, qui tend à faire croire qu'une personne ne peut dire ou lire que tel ou tel morceau, parce que sa voix n'est convenable qu'à un seul genre. Je ne crains pas de l'avancer, un diseur ou un lecteur n'est pas autre chose qu'un *instrumentateur*, qui doit jouer indistinctement tel ou tel morceau, peu lui importe. Ainsi, messieurs, lorsque je dis même de la poésie, je ne me sers que de la voix instrumentale.

TROISIÈME DISCOURS.

Du son.

Messieurs,

Parmi les différentes définitions qui ont été faites de la voix, je me suis arrêté à la suivante, qui m'a paru la plus convenable pour bien caractériser la proposition que j'ai avancée. Dans la voix, ce sont les poumons qui reçoivent et poussent l'air nécessaire pour former le son. Le son se forme en passant par la trachée-artère, et en frappant le larinx, où il se trouve retenu par la glotte, qui n'en laisse sortir que la quantité suffisante à la formation du son, et arrive enfin dans la bouche, où il reçoit toutes sortes de modifications. Il nous sera facile maintenant, d'après cette définition, de comparer ces différents organes qui constituent la voix à un instrument à vent, tel que la clarinette, dont l'embouchure produit des sons plus ou moins forts, selon qu'elle est plus ou moins serrée par les dents et les lèvres, et que les doigts varient en changeant de position. Ainsi la glotte, en ne laissant sortir que peu ou beaucoup de son, selon qu'il est nécessaire, remplit le même office que les lèvres et les dents placées sur l'anche de l'embouchure de la clarinette, et la langue et les lèvres, en changeant de position, en varient les sons à l'infini, de même que le font les doigts sur le corps de l'instrument.

Dans les deux instruments, le son n'est rien par lui-même; et en effet, messieurs, que l'on souffle fortement dans une clarinette, en laissant tous les trous ouverts, le son qui en sortira sera sans aucune expression: eh bien! il en est de même pour la voix. On n'a qu'à comprimer l'air dans les poumons, le laisser sortir, en le poussant fortement et en ouvrant la bouche, le son, qui ébranlera l'air, ne produira également aucun effet. Il est donc de la plus grande évidence que, dans l'un et l'autre instrument, les sons n'ont de valeur que celle qu'ils reçoivent des organes chargés de les former et de les moduler.

Si la voix est un instrument, on conviendra sans peine que l'on peut apprendre à s'en servir. Mais comment procéder pour arriver à un résultat certain? C'est ici, messieurs, que ma tâche commence à devenir vraiment difficile; car je n'ai pu être dirigé dans mes recherches que par de légères indications; aussi, n'est-ce qu'en hésitant que je viens vous soumettre mes observations.

Un seul homme, jusqu'à ce moment, eût été vraiment capable de faire un ouvrage qui eût établi sur des bases solides la langue parlée : c'est Molière. Lorsque nous avons voulu procéder avec méthode et savoir les bases du beau langage, nous n'avons pas hésité un seul instant à le prendre pour guide et à marcher avec assurance dans la route ouverte par ce puissant génie. Aussi, messieurs, mon point de départ a-t-il été la leçon de déclamation que donne le maître de philosophie dans le *Bourgeois gentilhomme;* tout en tournant en ridicule le pédantisme, Molière donne dans cette scène une bonne leçon de prononciation. Plus j'ai réfléchi sur cette scène, plus j'ai acquis la certitude qu'il était impossible d'avoir une bonne prononciation si l'on ne savait pas comment les sons se forment; dès-lors je me suis occupé avec ardeur à découvrir la position des différents organes de la bouche dans la formation de la voix. Mes recherches n'ont pas été vaines; elles m'ont appris que la voix se formait de sons simples et composés; que les simples se faisaient lorsque la bouche était dans une position naturelle, et qu'ainsi ils sortent sans effort ; et que les composés se faisaient lorsque la bouche était dans des positions un peu plus forcées, et avaient besoin, par conséquent, de plus d'effort. J'ai donc divisé la voix en sons simples et composés, dont j'ai fait la matière de la voix. Mais ce n'était pas tout, il fallait encore trouver les moyens de les varier. J'ai découvert que les consonnes remplissaient cet office ; dès-lors il m'a fallu savoir ce qui les distingue des sons, et comment elles se forment.

J'ai vu qu'elles se font lorsqu'un ou plusieurs organes sont déplacés et se contractent, et que ces positions qui, au premier abord, paraissent forcées, sont pourtant naturelles, puisqu'elles donnent à chaque consonne le mouvement qui lui est propre.

Ce long et minutieux travail m'a fait découvrir que les vices d'articulation ne venaient, en effet, que d'une fausse position prise par l'organe chargé de former telle ou telle consonne.

Un seul exemple, messieurs, suffira pour vous convaincre ainsi que moi. C'est le grasseyement que je vais choisir.

Dans ce vice d'articulation, il n'y a qu'un seul organe qui soit mal placé : c'est la langue. S'appuyant près des dents de la mâchoire inférieure, elle se contracte dans le fond de la bouche, où elle arrête le son, qui, se formant sur l'endroit le plus épais de la langue, acquiert ainsi beaucoup plus de valeur qu'il ne lui en faut ; tandis que, si elle était dans la position voulue pour former la lettre *r*, c'est-à-dire le bout placé contre le palais et près des dents, décrivant dans cette position une ligne concave, elle laisserait passer le son, qui, ne rencontrant plus d'obstacle, viendrait se fixer sur le bout de la langue où il recevrait une légère vibration, la seule qui lui convienne.

Convenez avec moi, messieurs, qu'il est bien malheureux de voir tant de personnes privées des avantages de
la parole pour avoir été enseignées au moyen de mé-
thodes purement machinales.

C'est donc pour réparer autant que possible le mal
qui existe, et surtout pour empêcher la routine de faire
de nouveaux ravages, que je soumets à votre jugement
toutes les observations que j'ai faites. L'expérience m'a
démontré qu'elles étaient justes et par conséquent
utiles.

Ici, messieurs, j'ai besoin de toute votre attention et
de toute votre patience, car la matière que je vais traiter est un peu aride.

Je divise le son, que je considère comme le corps de
la voix, en sons simples et en sons composés. Les sons
simples sont représentés par les lettres a, e, i, o, u,
que l'on appelle voyelles, parce qu'elles représentent,
pour ainsi dire, la voix. Je vais donc commencer par
elles.

A. La bouche s'ouvre; la langue, restant suspendue
sans toucher aux dents, laisse couler le son, qui retentit
dans le fond de la bouche, près du gosier.

E. Le larinx se resserre, les poumons poussent peu
d'air, la bouche est entr'ouverte; les lèvres se replient
en dedans, le gosier semble vouloir retenir le son, qui
se fait entendre dans le fond de la bouche, et près du
palais; la pointe de la langue touche les dents de la mâchoire inférieure.

I. Il faut peu d'air pour le former. La bouche est un
peu ouverte; les lèvres s'étendent; le bout de la langue
est fortement appuyé près de la racine des dents de la
mâchoire inférieure, et se relève dans le fond de la bouche. Le son se fait entendre vers le milieu du palais.

O. Le larinx s'ouvre, le gosier s'enfle et se fait creux, toute la bouche s'arrondit, les lèvres décrivent un cercle, la langue reste suspendue dans la bouche. Le son se fait entendre au palais, mais près des dents.

U. Le gosier ne s'ouvre pas, les lèvres avancent en dehors, et se réunissent pour faire une très-petite ouverture. La langue, étendue dans la longueur de la bouche, laisse couler le son, qui vient se faire entendre sur les lèvres.

Si l'on examine un instant les différents endroits où résonne chaque son, on verra que ce n'est point le hasard qui a classé les voyelles, et qui par conséquent a fait donner la première place à la voyelle *a*. En effet, l'*a* se fait entendre dans le fond de la bouche, près du gosier; l'*é* dans le fond du palais, l'*i* au milieu, l'*o* près des dents, et l'*u* sur les lèvres.

Donc l'*a* devait être la première, puisqu'elle se forme le plus près des organes chargés de faire les sons; l'*é* la seconde, l'*i* la troisième, l'*o* la quatrième, et l'*u* la cinquième.

Sons composés.

J'appelle sons composés, tous les sons qui ont besoin, pour se former, de la réunion de deux ou de trois lettres.

Les cinq voyelles deviennent sons composés, sitôt que, pour les prononcer, on ajoute une autre lettre. Ainsi, lorsque les voyelles *a, e, i, o, u*, sont couronnées de l'accent circonflexe, qui remplace un *s*, le son est long. Pour les former, les positions de la bouche restent les mêmes que dans les voyelles simples; seulement elle est plus ouverte, et les sons y résonnent plus largement. Je n'ai donc rien à ajouter à ce que j'ai dit de la position de la bouche pour la formation des voyelles. Lorsqu'elles sont bien faites, on ne peut pas les confondre avec les premières. Le son *i* va me servir d'exemple. Une oreille exercée distinguera très-facilement la différence de longueur qu'il y a entre le son *i* de j'*i*rai et le *i* de l'*î*le ; il en sera de même du son simple *u*, dans le mot *futur*, et du son *û* composé, dans le mot, nous f*û*mes. J'ai choisi ces deux lettres, parce que les sons se confondent, et ne se distinguent que par le plus ou le moins de temps qu'on met à les former. Les sons composés *a* et *o*, quoique les mêmes, ne peuvent pas se confondre avec les simples, parce qu'outre qu'il faut plus de temps pour les prononcer, ils ont encore plus de sonorité. Le son *é* est celui qui éprouve le plus grand changement ; car, de son fermé, il devient ouvert : même dans cette nouvelle transformation, il est plus ou moins ouvert, comme dans proc*è*s et t*ê*tes.

Il y a encore un autre son représenté par la voyelle *é*, que l'on peut considérer comme une diphtongue, puisqu'il est formé des voyelles *é* et *u*. Ce son participe de l'*é* et de l'*u*, qui semblent s'attirer pour former au milieu de la bouche un son qui ne ressemble entièrement ni à l'une ni à l'autre de ces deux voyelles, et que l'on peut considérer comme une demi-voyelle : c'est la valeur qu'on lui donne dans la poésie. En effet les vers se composent de rimes masculines et de rimes féminines. Les féminines ont toujours un demi-son de plus que les masculines : ce demi-son est représenté par le son *e*, qui ne change jamais, quoique écrit de différentes manières.

Le son *ou* est aussi composé des deux voyelles *o* et *u*, qui se déplacent et se réunissent pour former le son *ou*, qui résonne dans toute la bouche. Il faut le classer parmi les sons composés.

Les sons composés par les voyelles *a*, *i*, *o*, *u*, et la consonne *n*, peuvent être appelés voyelles nazales, à cause du résonnement qu'elles font dans le nez. Ces sons peuvent être aussi considérés comme des voyelles aspirées, car, pour les bien former, il est nécessaire de faire rentrer le son dans la bouche, où il séjourne un instant. Ils sont, sans contredit, les plus difficiles à exécuter ; car on est obligé de faire un double travail, de les pousser et de les retenir tout à la fois. En effet, pour former le son, *an*, on est obligé d'ouvrir la bouche comme pour faire la lettre *a*, ensuite de retirer un peu la langue en arrière, afin de porter le son au palais et de le maintenir dans cette position, pour lui donner le temps de se former et d'acquérir la sonorité qui lui convient. Mais ce n'est pas tout que de former le son, il faut ensuite le chasser de la bouche. Pour réussir entièrement, il faut avoir la précaution de ne la fermer que lorsque le son est bien terminé ; car si vous fermez la bouche trop tôt, le son ne pouvant pas sortir par sa route naturelle, s'en fraye une nouvelle et s'échappe par le nez, ce qui n'est pas sans inconvénient ; en passant par cet organe, il se dénature entièrement. Sans doute le nez fonctionne dans la formation de la voix ; mais sa fonction n'est que secondaire. D'ailleurs, sa capacité ne lui permet que de laisser passer un peu de son. Si vous fermiez trop tôt la bouche, il y aurait encombrement, et, par conséquent, on entendrait, au lieu d'un son plein et sonore, un son maigre et sourd, désagréable à l'oreille.

Il en est de même pour les sons *in, on* et *un*.

Vous voyez, messieurs, que la langue parlée a pour base cinq sons et demi, représentés par les voyelles *a, é, i, o, u* et *e* ; que ces sons augmentent de valeur lorsqu'on leur joint une ou plusieurs lettres, et qu'ils se transforment en sons pleins et sonores lorsqu'ils sont joints à la consonne *n* ; que ces sons ne perdent jamais entièrement leur sonorité primitive, quoique réunis à d'autres, qui semblent vouloir les dénaturer.

Ainsi la langue parlée se trouve composée de cinq sons et demi simples, de six graves, de quatre sons pleins, que les consonnes modifient à l'infini. Je ne parlerai point ici de la manière dont ils s'écrivent. Je passe aux consonnes.

Les Consonnes.

Ces lettres sont appelées consonnes, parce qu'elles n'ont de sonorité qu'autant qu'elles sont réunies à une voyelle. Vous connaissez leur classification; voyons leur formation.

B. Les lèvres se ferment légèrement, et la lettre s'entend au milieu, lorsqu'on les ouvre pour laisser sortir le son.

M. On ouvre d'abord la bouche en la prononçant, et on entend le son se former lorsque les lèvres viennent à s'approcher sans se battre, et qu'elles ferment la bouche, en faisant rentrer un peu le son.

P. On étend les lèvres de sorte qu'elles ne soient pas si grosses. On les comprime fortement pour que le son frappe l'air.

F. Vous aspirez un peu avant que de prononcer cette lettre. Le milieu de la lèvre inférieure vient se poser sur les dents de la mâchoire supérieure, en y laissant toutefois une petite ouverture, pour laisser le son s'échapper entre les lèvres.

V. On place le bord de la lèvre inférieure sur l'extrémité des dents de la mâchoire supérieure; l'on comprime le son avant qu'il ne sorte.

D. L'extrémité de la langue s'appuie sur la racine des dents de la mâchoire supérieure; le son s'en sépare pour couler entre elle et les dents, et se fait entendre sur le bout de la langue.

T. La langue se place presque à l'extrémité des dents supérieures, où elle comprime plus fortement le son que dans la lettre précédente.

L. On ouvre la bouche en commençant à prononcer cette lettre. La langue travaille peu ; elle porte seulement le son au palais, contre lequel elle s'appuie par son extrémité. La trachée-artère retient le son ; de sorte que cette lettre se prononce fort vite, parce que le larinx se ferme tout-à-coup, et qu'on ne fait point d'effort pour pousser.

N. La bouche s'ouvre ; la langue se replie, porte le son au-dedans de la bouche, près des narines, où le son résonne, parce que la bouche se ferme sur la fin de la prononciation.

S. Les dents s'approchent les unes des autres, coupent le son, qui coule sur la langue, qui s'appuie dans son extrémité contre les dents supérieures et demeure droite ; c'est pourquoi le son n'étant point arrêté, au contraire, étant contraint de passer avec vitesse entre les dents, on entend un sifflement semblable à celui du vent qui passe avec violence par une fente. Il faut pousser le son fortement pour faire sonner cette lettre.

C. Les lèvres sont étendues, la langue se replie en dedans et porte le son contre le palais où il s'arrête, ce qui oblige de le pousser avec force.

Q. Est proprement une lettre double qui se forme du *c* et de l'*u.*

J. La langue est suspendue ; la bouche ne s'ouvre qu'un peu, le son s'entend au milieu de la langue et du palais.

G. La pointe de la langue s'approche du palais ; les lèvres s'avancent et se replient un peu en dehors.

K. On aspire un peu quand on prononce cette lettre. Les lèvres sont étendues, la langue se replie en dedans, et porte le son dans le fond du palais, près du gosier.

R. On ouvre la bouche; le son, poussé fortement, est arrêté par les dents, qui lui ferment le passage. La langue, en se repliant un peu dans son extrémité, l'oblige à rouler dans le palais. Pour faire sortir le son, il faut le pousser fortement, ce qui rend la prononciation de cette lettre assez rude et difficile.

X. La langue doit être repliée vers le gosier, et le bout appuyé près de la racine des dents de la mâchoire inférieure.

Z. Cette lettre est double ; elle a la prononciation de l'*s* et du *d.*

H aspirée. Pour bien prononcer cette lettre, il faut que la mâchoire inférieure soit un peu recouverte par la supérieure, qui retient, pour ainsi dire, le son, qui se fait entendre dans le fond de la bouche.

Je m'arrête, messieurs ; je crois vous en avoir dit suffisamment sur la formation des sons et des consonnes. D'ailleurs, j'aurai souvent l'occasion de revenir sur ce qui regarde la prononciation. Pour le moment, je dirai aux personnes qui voudront mettre à profit mes observations, qu'elles doivent commencer par se familiariser avec la formation des sons, que je considère, ainsi que je l'ai déjà dit, comme la matière de la parole ; et ensuite de passer à l'articulation des consonnes, qui diversifient les sons en leur donnant telle ou telle valeur. Par cette méthode, elles seront sûres d'avoir une articulation nette et bien vibrante, puisque leurs organes seront placés convenablement pour bien faire les sons et bien articuler les consonnes. Plus elles s'occuperont de ce travail, et plus elles acquerront la certitude que, dans la voix humaine, il y a vraiment un instrument. Elles ver-

ront que le son est au regard des consonnes, ce qu'est
le son d'une clarinette aux différentes modifications faites sur cet instrument par les doigts de celui qui joue.
Elles verront en outre que, dans les sons simples, la
langue ne fait presque rien; qu'on entend un son con-
tinu; et que, dans l'articulation des consonnes, au contraire, le son est sans cesse interrompu; tantôt la langue
l'arrête, et tantôt le laisse couler ; qu'il est coupé par les
dents et battu par les lèvres; que la langue est un des
principaux organes de la parole ; que c'est elle qui con-
duit le son, qui le détermine, le change, selon qu'elle se
replie, qu'elle se déploie ou qu'elle frappe certaines parties de la bouche.

D'une bonne formation des sons, naîtra la beauté de
la voix ; d'une bonne articulation des consonnes, la netteté des syllabes; de la prononciation des syllabes,
l'harmonie des mots; et de ceux-ci le charme du débit.

Je ne saurais trop le répéter, messieurs, si cette partie de notre instruction est entièrement négligée, il faut
s'en prendre au préjugé que je vous ai signalé, qu'il
faut lire naturellement. Nul doute que lorsque je serai
parvenu à prouver que c'est une erreur, et une erreur
très-funeste, puisqu'elle prive les hommes de bien des
moyens qui pourraient leur servir à combattre les projets des ambitieux; qu'elle les empêche de tirer tout le
parti possible de leurs connaissances, et qu'en outre
elle les livre à la merci des parleurs, nul doute, dis-je,
que le gouvernement, et ensuite les chefs d'institution,
ne s'empressent de donner tous leurs soins à un art devenu indispensable dans notre nouvelle organisation, et
ne bannissent de leurs établissements une méthode qui
tend non-seulement à conserver les mauvais accents,
mais encore à perpétuer les vices d'articulation.

QUATRIÈME DISCOURS.

Des syllabes longues et brèves, ou sons simples
et composés.

Messieurs,

Maintenant, que nous savons comment se forment les sons primitifs et que nous connaissons la manière dont l'articulation des consonnes les modifient, nous allons passer à leur division. Ici, messieurs, je me trouve encore arrêté par un préjugé non moins pernicieux que le premier que je vous ai signalé, et peut-être encore plus répandu : c'est qu'il n'y a ni longues ni brèves dans notre langue. Quoi ! la langue des Racine, des Massillon, des La Fontaine et de tant d'autres beaux génies, manquerait ainsi aux lois organiques du monde, aux lois de l'harmonie ! Non, messieurs, non. Si la littérature française s'est répandue dans l'univers entier, elle le doit principalement à cette facilité avec laquelle elle se prête à rendre toutes les situations de l'âme. C'est une langue essentiellement harmonieuse ; et cette langue, si riche, si élégante, n'aurait ni longues, ni brèves, c'est-à-dire serait monotone, ennuyeuse, insupportable, morte enfin ! Non, cela n'est pas possible. Pour vous convaincre de l'existence des longues et des brèves dans notre langue, et de leur effet, il suffira de vous citer seulement deux exemples pris au hasard dans notre immortel La Fontaine. Quand il veut nous montrer les souris, il dit, *la gent trotte-menu* ; est-il possible, messieurs, de se servir de syllabes plus brèves, et qui donnent une idée plus juste de la marche de ces petits animaux ? Ne les voit-on pas, ne les entend-on pas, pour ainsi dire ? Quand il veut, au contraire, peindre l'aigle, il dit : *l'aigle aux ailes éten-*

dues. Quelle idée il donne du roi des airs ! Ne semble-t-il
pas qu'il embrasse tout l'espace, et ces mots ne rendent-
ils pas l'idée non seulement par leur signification gram-
maticale, mais encore par la magie des sons.

Au reste, messieurs, je ne suis pas le premier qui ai
cherché à combattre cette funeste erreur. L'abbé d'O-
livet, qui a fait un très-bon traité de prosodie française,
l'avait essayé avant moi, et sans aucun résultat. On conçoit que cette erreur ait pu se propager et s'accréditer à
une époque où la parole était, pour ainsi dire, inutile ;
mais aujourd'hui que la nécessité de s'occuper de la langue parlée se fait sentir dans toutes les classes, que le
goût de la littérature est généralement répandu, comment peut-il se trouver des hommes qui soutiennent
qu'il n'y a ni longues ni brèves dans notre langue, et que
La Fontaine ne s'est servi de ces mots que parce qu'ils
rendaient sa pensée, et nullement parce que les sons
qu'ils représentent imitaient, les uns, les souris qui vont
toujours trottant et à petits pas, et les autres, la majesté
et la rapidité du vol de l'aigle.

Quant à moi, messieurs, j'ai tout lieu de croire que
cette assertion est erronée, pour La Fontaine du moins,
puisque, dans un de mes voyages, j'ai vu, entre les
mains d'un amateur de Château-Thierry, un manuscrit de la fable du *Chêne* et du *Roseau.* Ce manuscrit
était couvert de ratures. Il est sûr, d'après cela, que, si
cet inimitable auteur n'avait voulu que rendre des pensées, tous les synonymes lui eussent été indifférents ;
mais il ne pouvait en être ainsi pour lui : comme poète,
n'avait-il pas cette musique intérieure qui l'excitait à
chercher le mot propre, non seulement pour exprimer,
mais encore pour bien peindre sa pensée. D'ailleurs, les
auteurs ne sont-ils pas des peintres, qui nous transmet-
tent au moyen de signes les tableaux parfaits de tout ce

qui se passe dans l'imagination de l'homme et dans les objets extérieurs qui viennent s'y réfléchir? Ils ont besoin, par conséquent, pour nuancer leurs tableaux, de traits faibles et forts. Je vous le demande, messieurs, pourra-t-on les interpréter si l'on n'a que des syllabes de la même valeur? D'après notre système, il y a non-seulement des syllabes longues, mais encore les brèves deviennent très-souvent longues. Je crois, messieurs, que vous admettrez sans peine avec moi que la voix est pour les oreilles ce que l'écriture est pour les yeux, c'est-à-dire qu'elles doivent l'une et l'autre, par des routes différentes, il est vrai, transmettre les pensées au cerveau. Or, si l'auteur veut peindre plusieurs choses, il se sert de pluriels, et en lisant, nous comprenons ce qu'il a voulu dire; eh bien! vous devez avoir aussi des pluriels dans les sons, afin que celui qui écoute vous comprenne parfaitement; sans cela il y aura désaccord entre le son et la pensée, et l'effet sera manqué, parce que l'intelligence sera obligée de faire un travail pour vous comprendre. Que l'on dise l'hémistiche suivant sans faire sentir le pluriel,

Ces leçons du trépas, etc.

Ne semble-t-il pas que l'on dit que c'est le son du trépas, ou autrement la voix du trépas? Tandis que, si vous donnez à vos syllabes la valeur qui leur convient, l'équivoque disparaîtra.

Ces *leçons* du trépas, etc.

Alors, plus de doute, la pensée est entière, parce que le son est plein, terminé. On entendra parfaitement que *leçons* veut dire les enseignements que donne le trépas.

Souvenez-vous toujours, messieurs, qu'en parlant

vous êtes obligés de plaire à l'oreille ; organe d'autant plus difficile à contenter qu'un rien l'irrite. C'est de tous nos sens le plus égoïste ; il ne tient aucun compte du passé : en vain l'aurez-vous captivé pendant longtemps, si vous lui déplaisez une minute, que dis-je ! une seconde, vous n'êtes plus rien pour lui.

Tous vos soins doivent donc tendre à vous rendre cet organe favorable, car c'est lui qui nous fait parvenir à l'intelligence. Vous n'atteindrez ce but que lorsque vous donnerez à vos syllabes la valeur qui leur convient ; mais ce n'est pas assez de bien faire la division des syllabes, il faut encore que les sons soient bien coordonnés entre eux, afin qu'ils soient clairement et distinctement entendus. Ce n'est pas toujours le manque de force qui rend les sons confus, mais leur désaccord. Les sons inégaux, qui frappent tour à tour fortement et faiblement, ou alternativement avec vitesse et lenteur, sans aucune proportion, troublent l'entendement. La vue d'une multitude d'objets disposés sans ordre ne présente qu'une confusion désagréable. Voyez un cabinet orné de tableaux, de bronzes, d'estampes, de médailles : tous ces objets ne satisfont point l'œil de l'amateur s'ils ne sont pas rangés avec art. Pourquoi les arbres plantés en échiquier plaisent-ils davantage que lorsqu'ils sont jetés au hasard ? Pourquoi une armée rangée en bataille plaît-elle en même temps qu'elle épouvante ? On peut assigner plusieurs causes de ce plaisir. Pour moi, je crois que la principale est que l'ordre en tout nous rend une sensation plus distincte ; cette clarté avec laquelle l'esprit aperçoit les choses entre lesquelles il y a de l'égalité et des rapports, lui donne une secrète satisfaction ; il jouit pleinement de ce qu'il voit. Quand il n'y a pas d'ordre entre les impressions des sons, ils se confondent. Dans une assemblée de plusieurs personnes qui parlent toutes à la fois, on ne peut distinguer aucune parole ; tandis que, dans un concert composé de plusieurs voix et de différents instruments, on entend sans confusion et sans peine le son de chaque instrument et le chant de chaque musicien, et cette distinction plaît aux oreilles, qui seraient choquées si ces voix et ces instruments ne s'accordaient pas. Vous savez, messieurs, que les lois de l'harmonie sont telles que si, en sonnant une cloche, quelque forte qu'elle soit, on lui fait faire un son faux, elle se brise aussi facilement que si elle était de verre.

S'il nous était permis ici, messieurs, d'entrer dans les détails anatomiques de l'organe de l'ouïe, vous verriez qu'il est d'une égale susceptibilité ; et de là vient que les sons discordants fatiguent l'attention et rebutent l'intelligence. Ce que nous disons des sons discordants s'applique aussi aux sons trop uniformes ; ces derniers deviennent également insupportables lorsqu'ils se répètent longtemps. La nature a besoin de changement, et en voici la raison : le même son fatigue les parties de l'organe de l'ouïe, qu'il frappe trop longtemps ; c'est pourquoi la variété est nécessaire, parce que le travail étant partagé, chaque partie de l'organe de l'ouïe en est moins fatiguée. Comme on le voit, la variété n'est pas seulement un plaisir, mais un besoin. Pour nous résumer, nous dirons qu'il est indispensable d'avoir une prononciation nette, dont les syllabes se détachent comme des notes de musique, et dont les sons s'accordent bien.

CINQUIÈME DISCOURS.

Manière de phraser.

Messieurs ,

Je vous ai fait connaître , dans mes précédents discours, les préjugés qui s'opposent à ce que la parole
soit cultivée avec tous les soins qu'elle mérite. Supposant
que j'ai porté la conviction dans vos esprits , et que
vous êtes , ainsi que moi, persuadés de cette nécessité ,
je vais continuer à remplir la tâche que je me suis im-
posée et rentrer dans une route où je rencontrerai encore quelques obstacles. Je m'efforcerai de les surmon-
ter ; mais, ne puissé-je y parvenir, j'aurai du moins
signalé le but , et donné à mes successeurs plus de facilité pour l'atteindre.

Je sais que les hommes ne font quelque chose de bien
qu'avec le temps, une grande patience , et souvent par
imitation.

Le moment n'est pas éloigné où nos instituteurs ne
se borneront plus à faire de nous des écrivains, et qu'ils
s'occuperont enfin à nous apprendre à lire ce que nous
avons écrit , à exprimer ce que nous avons pensé ; c'est
alors et seulement alors que nous mériterons le nom de
nation civilisée et civilisatrice, car nous posséderons tous
les moyens de faire partager nos convictions ; nous ne
serons plus privés d'une partie des ressources et de l'influence d'une langue que tant d'admirables auteurs ont
enrichie et perfectionnée ; sa prosodie, mieux cultivée,
mieux sentie, nous rendra l'organe de l'ouïe plus délicat,
plus sûr, et nos oreilles nous dénonceront un son barbare comme le faisaient celles des Grecs et des Ro-

mains. Il est vrai que chez eux rien n'était plus nécessaire et plus facile que de savoir exactement leur prosodie,·puisqu'elle faisait, non pas un simple agrément,
mais l'essence même de leur versification; et, comme la
lecture des poètes était un des principaux objets de leur
éducation, ils apprenaient méthodiquement et dès l'enfance à bien prononcer. Un Romain, un Athénien de la
lie du peuple aurait sifflé un acteur qui eût alongé ou
accourci une syllabe mal à propos. Mais, si toute vérité
était bonne à dire, nous avouerions qu'il n'est pas rare
qu'un Français vieillisse sans avoir soupçonné qu'il y ait
des syllabes plus ou moins longues les unes que les autres. Pour les Grecs et les Romains la prosodie était d'une
obligation rigoureuse; pour nous, si l'on veut, elle ne
sera qu'une délicatesse de langage, qu'une beauté acces-
soire, soit dans notre prononciation, soit dans nos écrits.
Nous n'en demandons pas davantage ; et, partant de ce
principe, qu'on doit cependant étendre plus loin, nous
disons que, jusqu'à ce moment, on a mal fait de négliger notre prosodie, puisque la parole étant l'agent de la
pensée, on ne saurait trop s'appliquer à la rendre plus
insinuante, plus propre à persuader, plus capable de
peindre ce que nous sentons.

Comme nous l'avons dit, la langue française peut
exprimer non-seulement par les mots dont elle use, mais
encore par l'harmonie des sons qu'elle produit, tout
ce que l'intelligence peut concevoir. Maintenant suffira-t-il, pour faire comprendre une pensée, qu'elle soit
dite avec harmonie? Non, messieurs. Il faudra encore
qu'elle soit divisée avec clarté ; que son développement
soit exact, complet, c'est-à-dire que toutes ses parties
soient bien présentées, bien détachées, afin de se classer
facilement dans la mémoire ; sans cela il y aurait confusion. Supposons pour un moment que nous voyons un

tableau peint avec les plus belles couleurs, mais où tous les personnages soient pêle-mêle : l'œil ne pouvant de prime-abord en saisir l'ensemble, il sera impossible à l'intelligence de s'identifier avec l'idée de l'auteur. Eh bien ! n'en sera-t-il pas de même d'une pensée rendue par de très-beaux sons, mais qui, étant mal ordonnés dans leurs rapports, porteront l'incertitude dans l'esprit, et feront également une énigme de la phrase. Nous ne saurions trop le répéter, les pensées ne sont pas autre chose que de petits tableaux dont il faut que tous les éléments soient distribués avec ordre. Voyons jusqu'à quel point notre comparaison peut être juste.

Supposons qu'un peintre ait à représenter une grande action : ne placera-t-il pas ses principaux personnages sur le premier plan, et tous ceux qui contribuent à cette action dans des positions intermédiaires et proportionnées à leur importance ? Tout sera disposé de manière à ce que l'action principale soit bien en vue ; et le reste des personnages ne sera considéré que comme des épisodes complémentaires, qui servent à lui donner plus de mouvement, mais qui, s'ils étaient enlevés, ne détruiraient pourtant point l'effet de la pensée-mère. Ainsi, par exemple, dans le beau tableau de Léonidas, de David, la grande physionomie de Léonidas, restant seule sur la toile, on pourrait encore voir le courage délibérant tranquillement, et arrêtant qu'il faut mourir pour sauver la patrie. Tous les autres personnages, formant différents groupes, ne sont là que d'un intérêt secondaire ; ils concourent, il est vrai, au complément de l'action, mais ils ne lui sont pas indispensables. Enlevez au contraire la physionomie principale du tableau, on ne verra plus que des détails qui, manquant d'unité et de but, ne produiront aucun effet. Eh bien ! messieurs, il en est de même dans une phrase : vous avez la pensée-mère à laquelle viennent se rattacher tous les autres membres de la même phrase, qui ne font que la développer et la montrer dans tout son jour. Lorsque l'on dit, il est donc nécessaire de bien détacher d'une phrase toutes les parties qui en constituent le fond , et de les mettre en relief, afin que l'intelligence ne puisse jamais les confondre avec les accessoires qui, ainsi que nous venons de le dire, n'en sont que le complément. Dans l'écriture, la distinction est facile : au moyen de la ponctuation, nous divisons la phrase de manière à ce que l'œil en voit bien toutes les fractions, et les porte à l'intelligence, qui ne peut pas les confondre. Si la ponctuation est mal faite, ayant l'écrit à notre disposition, nous avons la facilité de relire la phrase jusqu'à ce que nous ayons rectifié l'erreur ; mais il n'en peut être ainsi lorsque nous écoutons ; nous ne pouvons pas arrêter le son au passage, le reprendre et le mettre dans le ton et l'ordre qui lui convient pour rendre la pensée. La continuité de l'action de la parole ne laisse pas au raisonnement de l'auditoire le temps d'exercer son contrôle. Nous devons donc présenter les pensées tellement bien distinctes qu'elles ne laissent aucune équivoque dans l'esprit.

La ponctuation de l'écriture peut elle servir de règle pour marquer les repos de la lecture à haute voix ?

Non, messieurs ; dans la lecture mentale, c'est l'œil seul qui agit. Cet organe a la faculté de voir plusieurs mots et même jusqu'à deux lignes à la fois, et de les porter de suite à l'intelligence, qui les classe et les analyse ; mais, dans la lecture vocale, il n'en est point ainsi, puisqu'on s'adresse à l'oreille, qui ne reçoit qu'une syllabe à la fois, et ne peut anticiper sur le sens de celles qui n'ont pas été prononcées. Et si l'on considère, en outre, la susceptibilité de cet organe et la facilité avec laquelle il se lasse et se distrait, l'on se convaincra encore

mieux de la différence qui résulte de ces deux manières
de lire. Nul doute que l'œil ne lise d'un trait et avec facilité les deux vers suivants :

> Celui qui met un frein à la fureur des flots
> Sait aussi des méchants arrêter les complots.

Eh bien ! messieurs, pour les rendre intelligibles à
un auditoire, vous serez obligés de les couper par de
légers temps. Ainsi, après *celui*, qui, représentant la Divinité, a besoin d'être dit avec toute la confiance qu'un
vrai croyant met en Dieu, vous vous arrêterez ; *qui met
un frein*, vous faites encore une légère pause, à cause
de la lettre *n* qui, venant à tomber sur le monosyllabe *à*,
présente à l'oreille une consonnance désagréable. *A la
fureur des flots :* vous prenez encore un léger temps
après ces mots, parce que vous commencez un autre
complément : *sait aussi*, vous faites une légère pause
afin de bien détacher *des méchants* ; vous continuez,
et dites, *arrêter les complots.* Mais ce n'est pas tout
de faire des repos, il faut encore que les espaces soient,
pour ainsi dire, remplis par le son qui finit, et qu'il
serve comme d'introducteur à celui qui commence. De
même que l'œil distingue dans un tableau la nuance qui
s'efface en donnant naissance à une autre, l'oreille doit
sentir que le sens n'est point terminé, et attendre ainsi
le développement que l'enchaînement des sons fait pressentir.

Vous voyez, messieurs, par cet exemple, que les repos
ont mis de la clarté dans cette phrase; que le sens et
les sons ont marché parallélement; que ces derniers ont,
en quelque sorte servi de commentaire au premier, et
qu'au moyen d'inflexions un peu plus fortes, j'ai fixé l'attention sur les deux mots prédominants, sur le pronom
celui, qui, là, représente la Divinité, et sur l'adjectif

des méchants, objet de son courroux et de l'action qu'a voulu exprimer notre grand poète.

Ainsi, toujours est-il facile, messieurs, de faire servir les sons à donner au sens une nouvelle force, une nouvelle vie, à l'animer, à l'embellir, pour ainsi dire, de toute l'énergie, de toute l'élégance de notre langue, en faisant de chaque période, de chaque phrase, un ensemble de tableaux dans lesquels les sons suspendus marquent les différents plans et deviennent autant d'anneaux proportionnels par lesquels on remonte, sans effort, au sujet principal, qui nous apparaît alors dans toute la plénitude de ses attributs.

Avant de terminer ce discours, je crois, messieurs, devoir vous soumettre les observations que j'ai faites sur la manière de diviser les phrases pour les rendre intelligibles et harmonieuses. Lorsque, par l'application, vous serez parvenus à vous les rendre familières, vous verrez qu'elles ont pour base la nature qu'elles tendent à imiter. Les repos bien faits donnent au débit des pensées la variété d'inflexions qu'elles ont dans la langue parlée.

MANIÈRE DE PHRASER.

Toute proposition principale doit être dite d'un seul jet ; seulement on accentue un peu plus le verbe.

Exemple :

Bonaparte | *partit.*

Dans une proposition principale et absolue, on fait un léger temps après le sujet, et l'on joint le verbe et son régime.

Exemple :

Dieu *créa* | le monde.

Quand le complément d'un régime a lui-même un complément, on le détache du régime par une légère pause, et on le joint à son complément.

Exemple :

Elle aperçut des rames | écartées çà et là sur le sable.

Il en est de même de tous les compléments.

Souvenez-vous qu'on ne doit jamais lier ensemble des parties de phrases qui ne sont pas liées immédiatement par le sens.

Quand il se trouve dans une proposition des phrases incidentes, on les met généralement dans un son de voix un peu plus bas, afin de les détacher de la phrase principale, qui doit toujours dominer.

Exemple :

Bonaparte, général de la république, CONQUIT, dans sa première campagne, l'ITALIE.

Dans les phrases qui rentrent dans la catégorie de celle-ci, on accentue le verbe plus que le sujet, et le régime plus que le verbe. Cela est indispensable pour conserver à la phrase principale son mouvement. Cependant quelquefois on met la phrase incidente dans un son de voix plus haut.

Exemple :

Jetez leur, AU HASARD, des couronnes civiques !

C'est à l'intelligence à juger s'il est nécessaire de baisser ou d'élever la voix.

Lorsqu'un sujet a un qualificatif, c'est généralement le qualificatif qu'on accentue le plus.

Exemple :

L'homme *vertueux* est estimé.

Il en est de même du régime.

Exemple :

Saragosse fut défendue par des citoyens *courageux*.

S'il se trouve plusieurs sujets, on doit accentuer davantage le second que le premier, et le troisième que le second.

Exemple :

Annibal, *César*, BONAPARTE, étaient trois grands capitaines.

Il en est ainsi de toutes les énumérations qui doivent aller en augmentant ou en diminuant, selon ce qu'elles expriment, le son devant toujours indiquer le mouvement de la pensée. Ce serait donc une faute grossière de dire, en augmentant le son, la phrase suivante :

L'homme NAIT, *vit*, meurt.

Lorsqu'un sujet ou un régime ont plusieurs qualificatifs, on fait un léger temps après le sujet ou le régime, afin de donner plus de mouvement à l'énumération.

Exemple :

Cet homme, | bon, bienfaisant, humain, est estimé des personnes | douces, vertueuses et charitables.

Enumération croissante de quatre membres.

Exemple :

Le ravage des champs ; *le pillage des villes*,
ET LES PROSCRIPTIONS , ET LES GUERRES CIVILES, etc.

Les énumérations composées de cinq membres vont
également en croissant ; mais, quand elles passent ce
nombre et qu'elles arrivent à six, on doit monter jusqu'au troisième, baisser un peu le quatrième, et remon-
ter le cinquième et le sixième.

Exemple :

Tout-à-coup elle aperçut les débris d'un navire qui venait de faire naufrage, *des bancs de rameurs* mis en
pièces , DES RAMES écartées çà et là sur le sable ; *un gouvernail,* UN MAT , DES CORDAGES flottant sur la côte.

Si l'énumération se trouve composée de sept membres, vous montez jusqu'au quatrième, vous baissez un
peu le cinquième, et montez le sixième et le septième.

Exemple :

Il admirait la bonne police de ces villes, *la justice
exercée en faveur du peuple contre les riches ,* LA
BONNE ÉDUCATION DES ENFANTS , L'EXACTITUDE POUR
TOUTES LES CÉRÉMONIES DE LA RELIGION ; LE
DÉSINTÉRESSEMENT, LE DÉSIR DE L'HONNEUR , *ET
LA FIDÉLITÉ POUR LES HOMMES.*

Quand l'énumération est composée de huit membres,
elle monte jusqu'au quatrième, baisse un peu au cinquième, et remonte ensuite.

Exemple :

L'abus ingrat de toutes les espèces de grâces , *la né-*

cessité du salut, LA CERTITUDE DE LA MORT, L'INCER-
TITUDE DE CETTE HEURE SI EFFROYABLE POUR
NOUS ; L'IMPÉNITENCE FINALE, LE JUGEMENT DER-
NIER, *LE PETIT NOMBRE DES ÉLUS*, et par-des-
sus tout **L'ÉTERNITÉ.**

C'est à l'intelligence à déterminer les endroits où l'on
doit couper une énumération, quand elle est composée
de plus de huit membres ; mais il faut toujours que les
coupures soient faites de manière à rendre la phrase,
quelle qu'en soit la longueur, intelligible et harmonieuse.
Quand une énumération ne finit pas une phrase, le son
reste suspendu.

On doit toujours détacher les mots qui servent de
points de comparaison.

Exemple :

Je préfère la gloire | à la richesse.

Celui-ci, celui-là ; l'un, l'autre ; ceci, cela, etc., seront toujours détachés.

Exemple :

L'un | paraissait âgé : l'autre | ressemblait à Ulysse.

Quand, dans une phrase, le même mot se trouve répété, on accentue le second plus que le premier.

Exemple :

Un mal qui repand la terreur,
Mal, que le ciel en sa fureur, etc.

Il en est de même quand il se trouve répété plusieurs
fois

Exemple :

Meurs, et dérobe-lui la gloire de ta chûte.
Meurs ; tu ferais pour vivre un lâche et vain effort,
Si tant de gens de cœur font des vœux pour ta mort,
Et si tout ce que Rome a d'illustre jeunesse
Pour te faire périr tour-à-tour s'intéresse :
Meurs, puisque c'est un mal que tu ne peux guérir ;
MEURS enfin, puisqu'il faut ou tout perdre ou mourir.

Voilà, messieurs, les principales observations que j'ai
faites ; il en est encore d'autres, mais qui trouveront
leurs places dans l'analyse de quelques morceaux. Je ne
saurais trop vous engager à les mettre en pratique, en
vous exerçant souvent. Elles vous paraîtront d'abord oi-
seuses ; mais soyez bien persuadés que plus vous vous
en occuperez et plus vous verrez qu'elles sont le résultat
d'observations faites sur la nature.

SIXIÈME DISCOURS.

De la physionomie et du geste.

Messieurs,

Toute la partie instrumentale me semble suffisamment traitée, ainsi je ne vous occuperai plus du son, de sa formation, de l'articulation des syllabes longues et brèves et de la division des repos de la voix, toutes choses fort ennuyeuses à entendre. Vous savez maintenant, messieurs, tout aussi bien que moi, ce qu'il faut faire pour acquérir une bonne prononciation ; et si je reviens encore quelquefois sur ce sujet, ce sera comme souvenir. Cependant, avant de me livrer à un examen approfondi de nos grands écrivains, je vous prierai de m'accorder encore quelques instants pour compléter ce qui constitue la partie mécanique du débit. Jusqu'à ce moment, je ne vous ai entretenus que de la voix et de toutes ses modifications ; sans doute il est de la plus stricte nécessité de savoir bien parler, mais cela ne suffit pas entièrement. Je vous demanderai quel effet produirait sur vous une personne qui, tout en ayant une belle diction, aurait une physionomie impassible et des gestes faux ? Il est sûr qu'au lieu de vous satisfaire, elle vous choquerait. Ce n'est donc pas assez que de plaire aux oreilles, il faut encore plaire aux yeux. Si l'on procédait d'une manière graduelle dans le grand art de traduire les pensées, on ne commencerait jamais par la voix, mais bien par la pose, le geste et la physionomie, qui en sont les premiers agents ; la voix n'en est que le complément et le développement, car souvent, et surtout dans le langage des passions, le geste en a déjà été l'indicateur.

Si j'ai été obligé de vous parler des divers éléments qui constituent l'art oratoire, en intervertissant l'ordre naturel qu'il eût fallu suivre, la faute n'en est point à moi, mais bien aux préjugés que je vous ai signalés dans nos premières séances. Oui, messieurs, si la langue parlée eût été mieux connue, je n'eusse point agi ainsi : j'aurais procédé comme les professeurs de peinture, et, comme eux, je vous aurais appris à dessiner un objet avant de le peindre, c'est-à-dire, à donner à la pose de votre corps et à l'air de votre physionomie l'expression nécessaire pour concourir à rendre la pensée que la voix doit animer et colorer ; mais, dans la conviction où j'étais que la langue parlée est entièrement négligée, j'ai cru devoir commencer par elle, puisqu'elle est le principal agent de l'orateur. A présent que nos matériaux sont préparés et qu'il n'y a plus qu'à les mettre en œuvre, je ne vous dirai plus que, dans la peinture d'une pensée, la prononciation est tout ; mais bien une partie essentielle du tout ; que ce tout se compose de la pose, du geste, de la physionomie et de la voix ; que la physionomie et le geste en sont la première expression, que la voix précise et détermine ; et que ces trois parties sont tellement liées ensemble, qu'il est impossible d'en détacher une ou de la mettre en désaccord avec les autres sans nuire à l'effet général.

Ces principes posés, je vais m'occuper de la physionomie et soumettre à votre jugement ma manière de voir à ce sujet. Si je m'égare, messieurs, je serai toujours disposé à rentrer dans la bonne voie, sitôt qu'elle me sera indiquée, n'ayant d'autre désir que de connaître la vérité et de la répandre au profit d'un art cher à tous les peuples civilisés, et qui devrait être plus cultivé parmi nous.

Je considère la physionomie comme le miroir où vient

se réfléchir l'image de notre pensée et surtout de nos sensations. En effet, messieurs, n'exprime-t-elle pas toutes les émotions de l'âme avec justesse et précision ? C'est un livre ouvert à toutes les intelligences ; chacun peut y lire ce que nous pensons, et même un œil exercé y découvrira le type de notre organisation.

La physionomie étant la première affectée par nos idées, et surtout par nos passions, il importe de donner de l'expression à nos traits, dont la mobilité s'y prête si bien, et de les mettre en jeu, quand nous voulons rendre les idées d'autrui. Mais ici elle ne le peut facilement que par imitation, et cette imitation doit chercher ses modèles dans la nature; la physionomie se prête moins que la voix au langage de convention ; mais, dans la langue des passions, elle a plus d'énergie que nos phrases.

Cependant il ne suffit pas que la physionomie ait le jeu convenable à l'orateur, il faut encore que les bras, les gestes, l'attitude soient empreints de l'idée ou du sentiment qui le domine ; d'ailleurs, chacun de ces organes peut avoir sa mission particulière et une intervention isolée à remplir. Par exemple, si vous désignez des objets extérieurs capables de produire une grande sensation ; si vous attestez les dieux dont le temple est proche ; si vous appelez la douleur sur une tombe qui vous est chère, vous devrez montrer ces objets avant de parler. Et comment les faire voir sans le secours de la main ? Elle vous devient donc nécessaire, et vous êtes alors dans l'obligation de vous en occuper ; car, si elle n'est pas d'accord avec votre physionomie et votre voix, le tableau que vous représenterez n'étant point parfait, choquera l'œil de l'auditeur. Il est encore nécessaire de savoir se poser, soit que l'on parle debout ou assis. Si vos jambes sont dans de fausses positions, tout le reste de votre corps s'en sentira, et la gêne que vous éprouve-rez se fera remarquer dans votre débit. Ainsi, mes-sieurs, pour bien dire, non-seulement il faut avoir une bonne prononciation, mais encore une physionomie mo-bile, des gestes qui se trouvent parfaitement en rapport avec elle, et des poses qui donnent de la grâce et de la facilité pour s'exprimer.

Nous classerons donc la physionomie, les gestes et la pose dans la seconde partie du mécanisme du débit, puisqu'ainsi que la voix, on peut les perfectionner et les développer par le travail. Toutes ces parties concourent par leur ensemble à rendre une pensée visible et à lui donner du mouvement.

L'orateur doit donc s'habituer à se poser de manière à être non-seulement gracieux, mais encore à ne pas gêner les poumons dans leurs fonctions. Pour cela, il se hanchera, c'est-à-dire que tout son corps portera sur une jambe; ensuite il avancera un peu l'autre, afin de donner de l'à-plomb à son corps. Quand on a à par-ler à un auditoire qui se trouve en face de soi, c'est ordinairement sur la jambe gauche que tout le corps se porte. Cette position est on ne peut plus favorable à l'orateur : 1° Elle lui permet de faire les gestes princi-paux avec le bras droit, qui a généralement plus de grâce, parce qu'on l'exerce davantage;

2° L'abdomen étant bien posé, les poumons ont plus de facilité à se développer, et par conséquent une plus grande puissance d'action; rien ne les gênant, ils sont tout à la disposition de l'orateur.

Si un orateur se trouve devant un nombreux audi-toire, placé à droite et à gauche, il changera de posi-tion selon le côté auquel il s'adressera. Ainsi, s'il parle au côté gauche, c'est la jambe droite sur laquelle le corps s'appuiera; et, dans ce cas, les gestes principaux seront faits par la main gauche ; car il est de règle générale que c'est la jambe qui est avancée qui détermine quel est le bras qui doit agir. Au contraire, s'il parle au côté droit, c'est la jambe gauche sur laquelle le corps s'appuiera, et alors, dans ce cas, les gestes principaux seront faits par la main droite.

Il faut bien se garder, quand on parle, de faire des gestes anguleux, qui sont toujours disgracieux. Pour les éviter, on fait partir le geste légèrement de l'épaule qui lève le coude, qui ensuite met la main en mouvement. On a soin, lorsqu'on veut la poser dans un endroit quelconque, de lui faire décrire une courbe ; c'est le seul moyen d'enlever au geste sa dureté. Ce qu'il faut principalement éviter, c'est tout ce qui sent l'apprêt. Par l'exercice, vous finirez par donner de la grâce à tous les mouvements de votre corps.

Je crois que ces légères indications suffiront aux personnes qui veulent parler en public. Dans un discours, et même dans un traité, on ne peut qu'indiquer les principales choses à faire ; quant à l'application, elle se fait naturellement lorsqu'on possède les moyens. Je ne dirai qu'un mot sur la physionomie ; c'est qu'un orateur doit éviter tout ce qui peut lui donner un air contracté. Pour cela, il doit s'habituer à dire de belles et nobles choses.

SEPTIEME DISCOURS.

Des Pensées.

Messieurs,

J'ai cru qu'il était nécessaire, avant d'arriver au débit, de vous faire connaître comment je l'entendais ; pour cela , je vous ai entretenus de la voix : je l'ai considérée comme voix naturelle et comme voix instrumentale. J'ai cherché à fixer votre attention sur cette dernière ; et , afin de vous faire sentir la nécessité de vous en occuper, je vous ai exposé tous les avantages que l'on en retire. D'après tout ce que j'ai dit , vous avez dû vous convaincre que la première obligation que s'impose celui qui parle en public , est de plaire à l'oreille ; que , pour y parvenir, il est indispensable d'avoir une bonne prononciation, de bien savoir, par conséquent, comment se forment les sons et comment s'articulent les lettres , puisque ce sont elles qui donnent le mouvement aux syllabes, qui se divisent en longues et brèves. Je vous ai parlé ensuite de la distribution des repos , qui servent à rendre les phrases intelligibles ; je vous ai indiqué quelques règles , entr'autres celle-ci : qu'il ne faut jamais réunir des membres de phrases qui ne sont pas liés ensemble par le sens. On ne doit donc pas dire ces deux vers de Racine, ainsi que le font, par inadvertance sans doute, quelques-uns de nos grands professeurs de littérature :

> Voudrais-je de la terre inutile fardeau, etc.

Mais bien :

> Voudrais-je | de la terre inutile fardeau , etc.

Je vous ai également dit un mot sur la pose, les gestes et la physionomie, et indiqué ce qu'il faut faire pour donner de l'à-plomb à son corps, de la grâce à ses gestes, et de la noblesse à sa physionomie.

Dans le mécanisme de la voix, je comprends la formation du son, sa classification, sa division et son élévation. Lorsque nous connaissons bien tout ce qui constitue la partie instrumentale de la voix, nous sommes sûrs de plaire à l'oreille; car nous avons acquis non-seulement les moyens de nous énoncer avec facilité et agrément, mais encore la faculté de communiquer aux autres toutes nos impressions et de fair e valoir les productions de notre esprit. En effet, on n'éprouve plus de gène ni d'embarras pour exprimer ses pensées, puisqu'elles sont portées à l'intelligence par des syllabes qui, se détachant bien les unes des autres, et étant prononcées dans les intervalles de temps qui leur conviennent, frappent l'oreille de la manière la plus heureuse; tandis que les repos de la voix, tout en mettant de la clarté dans les phrases, donnent la facilité de réparer ses forces et de conserver à son organe toute sa fraîcheur.

Je crois, messieurs, en avoir dit suffisamment sur les avantages d'une bonne diction; nous allons nous occuper maintenant du mécanisme de la voix appliqué au débit et à la lecture des poètes et des écrivains.

Ici, la position change; ce ne sont plus vos ouvrages que vous dites, et, dans ce cas, aurez-vous peut-être encore plus besoin de bien connaître le mécanisme de la voix, car il vous faudra avoir une plus grande variété de tons, surtout si vous voulez être véritablement l'organe de nos poètes. Mais, quel que soit l'auteur que vous choisissiez, persuadez-vous toujours bien que vous ne produirez d'effet qu'autant que vous vous serez pénétré de ses pensées, que vous les aurez rendues vôtres; sans quoi vous ne serez qu'un interprète infidèle. Quand on dit, on prend la place de l'auteur ou du personnage qu'il a voulu peindre, et celui qui écoute veut le voir, veut l'entendre. Vous vous transformez donc pour un moment en un nouvel individu, que vous représentez au moyen de la physionomie, du geste et de la voix.

C'est la pensée seule qui fait connaître le ton avec lequel doit être dit telle ou telle phrase; les mots n'en sont que l'enveloppe. Dirigez donc toute votre attention sur le sens que l'auteur a voulu leur donner, sans vous occuper des termes dont il s'est servi, et qui pourraient tout aussi bien exprimer d'autres idées. Supposons que nous ayons à rendre ces deux vers de Racine :

> Celui qui met un frein à la fureur des flots
> Sait aussi des méchants arrêter les complots.

D'abord, nous verrons quel est le personnage qui les prononce, et la position dans laquelle il se trouve au moment où il parle. Ayant reconnu que le grand-prêtre Joad, plein de confiance en Dieu, dont il est l'instrument sacré, pressent que le jour du châtiment d'Athalie ne peut être éloigné, nous dirons avec un accent noble et presque prophétique :

> Celui qui met un frein à la fureur des flots
> Sait aussi des méchants arrêter les complots.

Supposons maintenant qu'un honnête homme, voulant prouver que les fourbes sont toujours punis par Dieu, se servît de la même phrase, il prendrait le ton de la conversation ordinaire :

> Celui qui met un frein à la fureur des flots
> Sait aussi des méchants arrêter les complots.

Vous voyez que, sans rien changer à la construction

de la phrase, j'ai rendu deux situations. Mais doit-on en conclure qu'on peut dire indistinctement une phrase dans tel ou tel ton? Non, messieurs. Comme l'auteur n'a eu qu'une pensée en écrivant, c'est la sienne qu'il faut tâcher de rendre ; sans quoi vous ne seriez qu'un mauvais interprète. Il faut donc la dégager de ses expressions, afin de bien la juger ; si l'on ne procédait ainsi, croyez-vous qu'il serait possible d'interpréter La Fontaine, notre plus grand philosophe ? Mais il nous tromperait toujours, car nous ne verrions souvent que de la bonhomie, j'allais presque dire de la niaiserie, là où il a mis une pensée profonde. La Fontaine, un bon homme ! personne moins que lui n'a mérité ce nom. Est-ce dans sa fable des *Animaux malades de la peste* ou dans *le Chêne et le Roseau* qu'il est un bon homme, ou bien dans *le Chat, la Belette et le jeune lapin* et *le Loup et le Chien*. Dans toutes ces fables cependant il ne fait parler que des animaux et des végétaux ; mais que de sublimes leçons de haute philosophie elles renferment !

Par ce que je viens de dire, vous devez être suffisamment convaincus que vous ne pourrez donner du mouvement aux pensées que par le sentiment que vous communiquerez aux mots chargés de les transmettre, et que ce sentiment ne peut avoir lieu qu'autant que vous les aurez bien comprises.

Dans un de mes discours, j'ai comparé une phrase à un tableau ; je vais poursuivre la comparaison, qui va donner à mon raisonnement, du moins je l'espère, encore plus de clarté. Maintenant que j'ai à ma disposition toutes sortes de couleurs, puisque j'ai des milliers de syllabes qui les remplacent, il me sera facile de peindre. Mais comment procéderai-je pour mettre de la vie dans mes tableaux ? Ainsi que le font les peintres. Comme ils ne couchent leurs couleurs qu'après avoir fait dans leur

esprit l'image de ce qu'ils veulent représenter sur la toile,
il faut nous représenter en nous-mêmes une image exacte
des choses que nous voulons peindre avec des sons ; ceux
qui nous écoutent ne peuvent apercevoir nettement ce
que nous voulons leur dire, si nous ne l'avons pas bien
vu nous-mêmes. Ce que nous disons est la copie de l'original qui est en notre tête : or, comme il n'y a point de
bonne copie d'un mauvais original, c'est donc à cet original qu'il faut d'abord travailler avant que de remuer le
pinceau, c'est-à-dire la langue, et d'appliquer les couleurs qui sont les sons. Il est, comme vous voyez, indispensable de savoir ce qu'on veut dire, et de le disposer
d'une manière réglée, de sorte que, dans les sons qui exprimeront la pensée, l'auditeur voie un tableau bien or-
donné de ce que nous avons voulu lui représenter. Je
conclus, que la pensée est le point directeur ; que, sans
elle, on ne peut avoir qu'un débit froid et monotone ;
que, par conséquent, c'est elle qui est le fond du débit,
et que les mots n'en sont que l'enveloppe. Le diseur
doit donc toujours s'occuper à la chercher et à la voir
dans toutes ses parties, afin de lui donner tous les développements nécessaires ; point de milieu : il faut qu'il
soit l'auteur lui-même ou le personnage que celui-ci a
créé. Cela étant, il est sûr de produire de grands effets,
puisque, d'abord, il a une bonne articulation, et qu'ensuite il sait bien phraser. Ainsi il remplit toutes les con-
ditions imposées au diseur ou au lecteur, qui sont de
plaire à l'oreille, de mettre de la clarté dans le discours,
et de convaincre l'esprit, tandis que si vous manquez à
l'une de ces trois obligations, vous ne réussirez jamais
complètement. En effet, si vous ne savez qu'articuler et
que phraser, et que vous ne compreniez pas l'auteur,
vous ne serez qu'un diseur ; dans ce cas, vous n'aurez
que l'enveloppe de la pensée et ne satisferez que l'oreille.

Si vous avez une bonne articulation et que vous compreniez bien l'auteur, mais que vous ne mettiez pas de
clarté dans la distribution de la phrase, il y aura confusion, et l'esprit de l'auditeur sera par conséquent distrait par le travail qu'il fera pour bien classer toutes les
parties de votre phrase, afin de la comprendre. Si vous
n'avez que la pensée et la manière de la diviser, mais
que votre articulation soit mauvaise, vous ennuierez,
parce que vous ne plairez pas à l'oreille. Ainsi vous ne
réussirez qu'autant que vous posséderez au même degré
ces trois choses, que vous pourrez acquérir par l'étude
et le travail. Maintenant que nous sommes suffisamment
fixés sur ce qu'il faut savoir pour bien dire, nous allons
nous occuper un instant du lecteur. A-t-il les mêmes
obligations à remplir que le diseur ? Oui et non ; oui, par
rapport au mécanisme de la voix ; car, s'adressant à l'o-
reille, il doit également lui plaire ; et non par rapport à
la manière de traduire la pensée. En effet, pour lire, on
est obligé d'aller chercher, au moyen de l'œil, la pensée
déposée sur le papier, et de la communiquer ensuite par
la voix à l'intelligence de celui qui écoute. Dans cette
position, il est impossible au lecteur de la rendre entièrement ; son œil, le plus expressif de ses organes, se
trouvant fixé sur le papier, devient nul pour l'interpré-
tation. C'est donc pour lui un grand désavantage, car
vous savez que nos yeux ont la faculté de recevoir et de
rendre les images avec une promptitude et une précision telle, qu'il nous est impossible de nous en rendre
maîtres et de les contraindre à dissimuler ce que nous
éprouvons : c'est ce que savent parfaitement ceux qui
sont habitués à ne jamais dire ce qu'ils pensent ; aussi,
crainte d'être trahis, ont-ils toujours la précaution de
baisser la tête, ou, ce qui est encore plus simple, de fermer les yeux. Le lecteur étant privé de ce puissant auxi-

liaire ne peut donc pas rendre entièrement une pensée, mais seulement l'indiquer; et, s'il voulait faire plus, il serait ridicule.

Ainsi, messieurs, comme diseur, vous êtes pour un instant l'auteur lui-même, tandis que, comme lecteur, vous n'en êtes que l'écho.

———

HUITIÈME DISCOURS.

De l'étude des auteurs.

Messieurs,

Il en est de l'art oratoire comme de tous les arts. Ainsi qu'un peintre ne peut avoir un grand talent qu'après avoir copié les tableaux des peintres célèbres, de même toute personne qui voudra se faire un talent, se créer une influence, au moyen de la voix, devra préalablement s'exercer au débit sur des morceaux de tous genres; car ce n'est qu'ainsi qu'elle pourra perfectionner son organe, et connaître tout le parti qu'elle en peut tirer. D'ailleurs, c'est un travail qui lui sera tout à la fois utile et agréable, puisque, d'un côté, il la mettra en contact avec nos poètes et nos écrivains, et que, de l'autre, il lui donnera la facilité de s'énoncer avec grâce et variété. Je crois que, pour obtenir des résultats avantageux et prompts, on doit, ainsi qu'on le fait dans tous les arts, commencer par les genres les plus faciles pour arriver aux plus difficiles. Je vais vous indiquer l'ordre à suivre pour cette étude. Je classerai ces genres seulement en sept grandes catégories : dans la première, je mettrai la conversation simple et soutenue; dans la seconde, le raisonnement; dans la troisième, le comique; dans la quatrième, le mélancolique; dans la cinquième, le tragique; dans la sixième, le narratif, et dans la septième, le descriptif. Je n'entrerai point dans les subdivisions de chacun de ces genres, qui, par leur grande diversité, ne pourraient se renfermer dans les limites que je me suis tracées. Je dirai seulement que, pour avoir une bonne diction, il est nécessaire de se familiariser avec tous ceux que je viens d'indiquer, et qui, comme les couleurs-mères, forment le corps du débit. Pour bien dire, on doit toujours les avoir à sa disposition.

Je vais vous faire connaître quelles sont les fonctions que j'attribue à chacun en particulier. Selon moi, par la conversation ou le ton simple, on plaît; par le raisonnement, on captive; par le comique, on fait une diversion en provoquant le rire ou seulement le sourire; par le mélancolique, on excite de douces émotions; par le tragique, on met en jeu les passions; par le narratif, on y ajoute des faits qui se sont passés hors de l'endroit où l'on parle; et par le descriptif, on y trace des tableaux. Ces genres, qui, au premier coup-d'œil, semblent si distincts les uns des autres, sont pourtant tellement liés ensemble, qu'il serait impossible de pouvoir en dire un seul, si on ne les connaissait pas tous. En effet, messieurs, il y a peu de morceaux qui n'en contiennent au moins deux. Vous conviendrez avec moi que, s'il n'y en a point de particuliers, on doit nécessairement s'occuper de tous, et se les rendre familiers par le travail, sans quoi on sera continuellement arrêté dans sa marche, soit que l'on veuille prononcer un discours que l'on aura écrit, ou soit que l'on veuille faire la lecture de nos poètes ou de nos grands écrivains.

Je vais tâcher de prouver par un exemple ce que j'avance. Supposons pour un instant que vous n'en ayez étudié qu'un seul, et cependant que vous ayez à lire la narration d'Isménie, dans *Mérope*: vous serez arrêtés, dès les premiers vers, si vous ne savez pas faire une description, c'est-à-dire décrire les lieux et tracer les physionomies de chaque personnage, au moment où commence l'action.

> La victime était prête, et de fleurs couronnée ;
> L'autel étincelait des flambeaux d'hyménée.
> Polyphonte, l'œil fixe et d'un front inhumain,
> Présentait à Mérope une odieuse main ;
> Le prêtre prononçait les paroles sacrées,
> Et la reine, au milieu des femmes éplorées,
> S'avançant tristement, tremblante entre leurs bras,
> Au lieu de l'hyménée invoquait le trépas.
> Le peuple observait tout dans un profond silence.

Au contraire, si ce tableau est bien fait, l'auditoire verra que les animaux étaient prêts à être immolés ; que le grand-prêtre n'attendait plus que la reine pour prononcer les paroles sacrées et ordonner le sacrifice ; que Polyphonte triomphant insultait au malheur de la reine, qui paraît au milieu de ses femmes, accablée et se soutenant à peine, et que le peuple était accouru en foule pour assister à cette grande solennité, et en attendait le dénouement dans le plus grand silence.

Vous rencontrerez une nouvelle difficulté pour rendre le passage qui suit, si vous ne savez pas donner du mouvement à une action, car l'action commence seulement à ce passage :

> Dans l'enceinte sacrée, en ce moment s'avance
> Un jeune homme, un héros, semblable aux immortels,
> Il court ; c'était Égiste, il s'élance aux autels,
> Il monte, il y saisit, d'une main assurée,
> Pour la fête des dieux la hache préparée :
> Les éclairs sont moins prompts, je l'ai vu de mes yeux,
> Je l'ai vu qui frappait ce monstre audacieux.

Ici il faut quitter le ton narratif pour prendre, en quel-

que sorte, la place d'Egiste ; et dans quel moment encore !
dans le plus terrible où un homme puisse jamais se
trouver, puisque son enthousiasme lui fait braver les
plus grands dangers, et le porte à immoler Polyphonte.
Nous vous le demandons, messieurs, comment pourrez-
vous interpréter ce passage, si vous ne savez pas rendre
une pensée tragique.

Meurs, tyran, disait-il, dieux prenez vos victimes.

Ici recommence la narration.

Erox, qui de son maître a servi tous les crimes,
Erox, qui dans son sang voit ce monstre nager,
Lève une main hardie et pense le venger.
Egiste se retourne, enflammé de furie ;
A côté de son maître il le jette sans vie,
Le tyran se relève, et blesse le héros ;
De leur sang confondu j'ai vu couler les flots.
Déjà la garde accourt avec des cris de rage ;
Sa mère, ah ! que l'amour inspire de courage,
Quel transport animait ses efforts et ses pas,
Sa mère, elle s'élance au milieu des soldats.

Ici, messieurs, ce n'est plus l'enthousiasme d'un jeune
homme qu'il faut représenter, mais une mère se préci-
pitant au milieu des soldats pour leur arracher son
fils.

C'est mon fils, arrêtez ; cessez, troupe inhumaine,
C'est mon fils ; déchirez sa mère et votre reine,
Ce sein qui l'a nourri, ces flancs qui l'ont porté.

Puis la narration recommence.

Vous voyez, messieurs, que, dans ce morceau, il se
trouve une description, une narration, deux passages
tragiques au plus haut degré. Dans le premier, c'est

Egiste qui se dévoue pour affranchir sa mère du joug de Polyphonte ; et, dans le second, c'est Mérope qui se précipite au milieu des soldats pour sauver son fils.

Nous avons choisi cet exemple, parce que les genres y sont bien tranchés.

Vous conviendrez sans peine avec nous que si, pour rendre un simple récit, on ne peut le bien faire qu'autant qu'on se sera occupé de tous les genres, à plus forte raison devra-t-on les posséder d'une manière toute spéciale, lorsque l'on voudra prononcer un discours d'un ordre élevé, où ils se trouveront nécessairement tous réunis.

Nous croyons que cet exemple suffira pour vous convaincre qu'il est indispensable, pour bien dire, d'étudier depuis le morceau le plus simple, qui comprend les objets ordinaires de la conversation, jusqu'au plus élevé, qui est la passion arrivée à son état de délire; sans quoi il y aura dans le débit des parties faibles, qui nuiront nécessairement à l'ensemble d'un morceau.

Ce que nous avons dit de la classification des genres s'étend non-seulement à la poésie, mais encore à la prose. Cependant nous vous engageons à vous exercer de préférence sur des exemples pris dans nos poètes, l'expérience nous ayant démontré que les vers, et surtout les vers tragiques, étaient les plus propres à former une bonne diction, et que, lorsqu'on s'était habitué à bien rendre les contrastes et les effets des grandes passions, on arrivait ensuite facilement à saisir ces nuances délicates qui caractérisent le genre familier.

Dans la versification, on commencera par étudier les morceaux où il y a le moins d'action. Ils sont les plus propres à former l'oreille, parce que l'imagination n'étant point entraînée par la force de la pensée, on peut s'écouter en les disant, et, par ce moyen, corriger tout ce qui peut nuire à la beauté du débit ; tandis, au contraire, que, dans les morceaux de passion , il faut se livrer entièrement, et par conséquent il est impossible de bien s'entendre.

Messieurs , je vous ai exposé les principales parties du mécanisme du débit, en élaguant autant que possible tous les petits détails qui auraient pu empêcher de voir les points principaux , sur lesquels je voulais fixer votre attention, convaincu que l'expérience vous les ferait facilement découvrir. Si je vous ai persuadé que , dans la voix humaine, il y a un instrument dont on peut apprendre à jouer ; si j'ai excité chez vous le désir de vous en occuper, j'aurai atteint le but que je me proposais en faisant ce cours. Souvenez-vous toujours, messieurs, que nous vivons sous une forme de gouvernement , où il est impossible de parvenir aux premiers emplois , si l'on ne sait pas manier la parole, et que, par conséquent , vous devez vous en occuper et la faire marcher de pair avec les études scientifiques. Travaillez donc , messieurs , avec constance à avoir une articulation nette et facile , à mettre de l'ordre dans vos phrases , à donner de la souplesse à votre intelligence en l'exerçant continuellement sur les ouvrages de nos grands écrivains. Je vous le demande , messieurs, est-il un genre de travail qui porte plus pleinement avec lui sa récompense, surtout quand il est soutenu par des études profondes ? Qu'y a-t-il, en effet , de plus honorable et de plus doux pour un homme de bien que de défendre ses amis , de gouverner une assemblée par ses conseils, de maîtriser le peuple, d'électriser des armées ? N'est-ce pas quelque chose de beau en soi que d'obtenir de si grands avantages avec des armes communes à tout le monde ? Travaillez, messieurs, et vous les obtiendrez.

NEUVIÈME DISCOURS.

PREMIER EXERCICE.

De la prononciation.

Messieurs,

Chaque auteur ayant un style différent, doit nécessairement avoir un choix de mots dont la réunion présente un ensemble de syllabes plus ou moins faciles à prononcer. Tout lecteur ou tout diseur devant plaire à l'oreille, se trouve dans la nécessité de s'occuper des auteurs et de se les rendre familiers par le travail, car la moindre hésitation dans l'articulation d'une seule syllabe lui serait funeste. Comme lecteur ou diseur, il ne doit pas commenter le choix des mots et leur dissonance. Du moment qu'il veut soit lire ou dire, il est censé approuver le travail de l'auteur, et même se sentir assez fort pour faire disparaître par les repos et une prononciation savante tout ce qu'il pourrait y avoir de désagréable dans telle phrase ou tel vers.

Ainsi, il serait impossible à une personne qui ne saurait pas bien prononcer et bien phraser, de dire le vers suivant :

Non, il n'est rien que Nanine n'honore.

Cette quantité de syllabes formées par la lettre *n*, qui par elle-même n'est pas très-belle, rend cette phrase inintelligible quand elle n'est pas bien dite; il semble que l'on entende des forgerons qui frappent sur une enclume. Sans doute que, par le travail, on ne parviendra jamais à faire de ce vers un vers harmonieux ; mais au moins on le rendra intelligible et supportable.

Non | il n'est rien | que Nanine | n'honore.

D'abord, rendez-vous toutes ces syllabes familières, en les articulant fortement et faiblement; ensuite coupez votre vers en quatre parties; détachez-bien *non*, et dites le comme s'il n'y avait rien après, c'est-à-dire que l'on entende que Nanine est si vertueuse, que tout ce qu'elle touche est annobli par elle. Le reste suivra l'impulsion donnée. *Il n'est rien :* vous faites un temps pour bien détacher *que Nanine,* sur qui vous voulez fixer l'attention. Vous faites encore un temps après Nanine; et vous dites dans un ton de voix un peu plus bas, *n'honore;* en ayant soin d'adoucir l'articulation des deux syllabes, *n'hono,* parce que cette fin de vers doit être dite avec la vénération qu'inspire la vertu. Ainsi, par les repos vous avez empêché les syllabes de se heurter, et, par des inflexions douces, vous les aurez rendues presque agréables.

Pour dire ou lire un morceau, on doit donc commencer par articuler chaque syllabe, c'est-à-dire avoir soin de placer les organes qui servent à les mettre en mouvement. D'abord l'articulation sera lente et forte tout à la fois, afin de les bien détacher.

Exemple :

Le jour n'est pas plus pur que le fond de mon cœur.

Avant qu'on entende le mot *le,* il faut que l'extrémité de la langue soit placée à la racine des dents, qu'elle ait comprimé l'air un instant, comme s'il n'y avait qu'une seule lettre; elle se détache ensuite du palais, et se trouve dans la position qui convient pour laisser couler le son de la voyelle *e,* c'est-à-dire qu'elle reste suspendue dans la bouche. Pour le monosyllabe *jour,* la langue est également placée près du palais, puis elle s'en détache et se couche dans sa longueur, en laissant un espace, pour que le son *ou* puisse passer, et ensuite vient se poser près de la racine des dents supérieures, pour faire vibrer légèrement la lettre *r* qui termine ce mot. *N'est* ne représentant qu'un son, peut être considéré comme un seul mot; eh bien! dans ce mot, la lettre *n* donnant le mouvement, la langue doit se placer contre les dents de la mâchoire supérieure, et s'en détacher en ouvrant beaucoup la bouche pour qu'on entende longuement le son *est*.

Je pense que ces quelques mots sont suffisants pour servir d'exemple.

DEUXIÈME EXERCICE.

De la manière de couper les phrases.

Quand on est maître de l'articulation d'un morceau, on s'occupe à en bien détacher toutes les parties, qu'il ne faut pas oublier de réunir, en disant ou en lisant, par des sons suspendus.

(Ce trait | indique une légère pause).

Exemple:

« Calypso | ne pouvait se consoler | du départ d'Ulysse. »

Je fais un léger temps après *Calypso*, sujet principal, que je détache un peu. Je fais un autre temps après *se consoler*, parce que je puis réunir, sans nuire le moindrement au sens de la phrase, *du départ d'Ulysse*. Par ces deux légères pauses je donne plus de clarté et plus d'harmonie à la pensée. Ces repos ont l'avantage, 1° de ne pas fatiguer l'oreille, qui se trouve ne faire qu'un léger travail; 2° de donner le temps à l'intelligence de recevoir toutes les parties de la pensée, de les bien voir, de les bien digérer, et, par conséquent, d'être en état de recevoir celle qui suit. Ces repos vous permettent en outre de réparer vos forces au fur et à mesure que vous les perdez, puisqu'ils vous facilitent les moyens de respirer souvent et d'avoir, par conséquent, vos poumons toujours prêts à agir. On ne doit respirer qu'en proportion de la dépense d'air que l'on a faite; car il y a autant de danger pour le lecteur ou l'orateur à avoir ses poumons trop pleins qu'à les avoir vides.

« Dans sa douleur | elle se trouvait malheureuse | d'être immortelle. Sa grotte | ne résonnait plus | du doux son de sa voix; les nymphes | qui la servaient | n'osaient lui parler. Elle se promenait souvent | *seule* | sur les gazons fleuris, | dont un printemps éternel | bordait son île. »

J'ai marqué de légères pauses devant et après *seule*, parce que ce mot faisant image, a besoin d'être détaché, et que, dans la lecture ou le débit, on n'a pas d'autre moyen de mettre en relief un mot, que de faire une pause avant et après. Dans cette circonstance, elle sera très-légère.

« Mais ces beaux lieux | loin de modérer sa douleur, | ne faisaient | que lui rappeler le triste souvenir d'Ulysse, | qu'elle y avait vu | tant de fois auprès d'elle. Souvent elle demeurait immobile | sur le rivage de la mer | qu'elle arrosait de ses larmes, et elle était sans cesse tournée vers la côte | où le vaisseau d'Ulysse | fendant les ondes, | avait disparu à ses yeux. Tout-à-coup elle *aperçut* | les débris d'un navire | qui venait de faire naufrage; des bancs de rameurs | mis en pièces; des rames | écartées çà et là sur le sable ; un gouvernail , un mât , des cordages | flottant sur la côte . »

Dans cette dernière phrase, j'ai marqué une pause après le verbe *aperçut*, à cause de l'énumération qu'il régit. Il est impossible de donner du mouvement à une énumération, si l'on n'a pas fait une légère pause devant le premier membre.

« Puis elle découvre de loin | deux hommes, | dont *l'un* | paraissait âgé ; *l'autre*, | quoique jeune, | ressemblait à Ulysse. Il avait | sa douceur et sa fierté | avec sa taille | et sa démarche | majestueuse. »

Je marque une pause après *l'un* et *l'autre*, qui, là, représentant deux sujets , ont besoin d'être mis en relief. J'indique une pause après *démarche*, pour que le qualificatif *majestueuse* soit articulé plus fortement.

DIXIÈME DISCOURS.

TROISIÈME EXERCICE.

De la lecture et du mouvement des pensées.
Télémaque.

Messieurs,

Ce n'est pas tout que de diviser une phrase, il faut encore y mettre de la variété par des inflexions de voix plus ou moins fortes, selon que le sens l'exige. Le son doit aller continuellement du médium de la voix aux tons hauts ou bas. Par le *médium*, on entend la voix qui sert le plus communément dans la conversation. Quand la pensée va en augmentant, c'est le ton haut ; quand elle va en diminuant, c'est le ton bas. C'est donc le sens qui détermine le mouvement de telle ou telle pensée. Outre le ton particulier à chaque phrase, il y a encore à observer celui qui convient au morceau en général. Pour commencer un ouvrage dans le ton qui lui est propre, il est indispensable d'en connaître le genre. Dans une lecture à première vue, on doit toujours prendre le ton ordinaire, et prononcer lentement, afin de donner le temps à l'œil, cet agent si actif, d'aller reconnaître la route. C'est lui qui indique les mots à suspendre, les passages à articuler davantage. On ne saurait trop exercer cet organe, qui, par le travail, se développe au point de saisir presque d'un seul jet plusieurs phrases à la fois. Les avantages qu'on en retire sont immenses. Si, par hasard, vous avez à lire une phrase composée de dix et même de quinze membres, comme il s'en rencontre dans Fléchier, il vous avertit d'aller doucement afin de ménager ses forces.

Pour bien lire un morceau, il faut donc savoir ce qu'il traite. Supposons que nous ayons à lire les premiers passages de Télémaque : nous commencerons par nous rendre compte du genre de l'ouvrage; nous dirons, c'est un récit; le ton est donc celui de la narration, mais soutenue, puisqu'il est question de grands personnages. Dans les premiers passages l'auteur fait une peinture de la situation de l'âme de Calypso; elle est triste et mélancolique. Les sons qui commenceront devront donc être un peu bas et longs; ce n'est pas tout encore; il faut, pour que les mots dont je vais me servir aient toute leur expression, que mon imagination me fasse voir Calyso elle-même; je ne puis rendre qu'en raison de ce que j'ai reçu; la pensée que j'ai à représenter doit agir sur moi avant que, par elle, j'agisse sur les autres. Ainsi mon imagination m'ayant transporté dans les lieux qu'habite Calypso, et l'ayant vue avec toute sa tristesse, je dis simplement et doucement, en observant toutefois de détacher les différentes parties de la phrase.

«Calypso| ne pouvait se consoler | du départ d'Ulysse. Dans sa douleur, | elle se trouvait *malheureuse* | d'être immortelle. »

J'ai souligné *malheureuse*, pour indiquer de le dire dans un son de voix un peu plus bas; je le laisse, pour ainsi dire, tomber, afin qu'il imite par son laisser-aller combien la vie était devenue insupportable à Calypso.

« SA GROTTE | ne résonnait plus | des doux sons de sa voix; LES NYMPHES QUI LA SERVAIENT n'osaient lui parler. »

Je mets en petites capitales GROTTE, et LES NYMPHES QUI LA SERVAIENT, en grandes, parce que je regarde

ces deux tableaux comme une espèce d'énumération.
Ainsi, j'élève un peu la voix sur GROTTE, et je la laisse
tomber en disant, *ne résonnait plus du doux son
de sa voix.* Je détache un peu plus LES NYMPHES
QUI LA SERVAIENT, et je dis, dans un son de voix
encore plus bas, *n'osaient lui parler;* et, pour imiter
la crainte des nymphes, j'imprime un léger tremblement
à ma voix.

« Elle se promenait souvent | *seule* | sur les gazons
fleuris | dont un printemps éternel | bordait son île. »

J'ai souligné le mot *seule,* pour qu'il soit détaché et
dit dans un son de voix plus bas, afin qu'il marquât l'i-
solement.

« MAIS CES BEAUX LIEUX, | *loin de modérer sa dou-
leur,* | ne faisaient | que lui rappeler le triste souvenir
d'Ulysse, | qu'elle y avait vu | tant de fois auprès
d'elle. »

MAIS CES BEAUX LIEUX, ce passage que j'ai mis en petites capitales, doit être articulé davantage que ce qui pré-
cède, et dit presque en soupirant; *loin de modérer sa
douleur,* phrase incidente, est en italique, pour indiquer
qu'il faut la dire dans un son de voix un peu plus bas.

« Souvent elle demeurait | *immobile* sur le rivage de la
mer, qu'elle arrosait de ses larmes; et elle était sans
cesse tournée | vers le côté | où le vaisseau d'Ulys-
se, | FENDANT LES ONDES, | avait disparu à ses yeux. »

Le mot *immobile,* que j'ai souligné, doit être dit un
peu plus bas et lentement, afin de faire tableau; FEN-
DANT LES ONDES, présentant l'image d'un vaisseau qui vo-
gue rapidement, sera dit dans un son de voix un
peu plus haut et avec plus de rapidité, sans sortir toutefois du ton général.

« Tout-à-coup elle aperçut | *les débris d'un navire* | qui venait de faire naufrage ; | DES BANCS DE RAMEURS | *mis en pièces ;* DES RAMES | ÉCARTÉES ÇA ET LA SUR LE SABLE ; UN GOUVERNAIL ; UN MAT, *DES CORDAGES* | flottant sur la côte. »

Le ton mélancolique, qui a régné dans les passages précédents, doit disparaître presque entièrement ; c'est un nouveau tableau ; par conséquent il faut de nouveaux sons. Ce passage marque la surprise, mais une surprise inquiète, qui cherche à se rendre compte de tout ce qu'elle voit.

Cette phrase est difficile à lire à cause de la double énumération qui s'y trouve. En effet, les trois premiers membres, ayant chacun des compléments, qui ont besoin d'être détachés, il s'en suit qu'il faut non-seulement les dire dans des sons un peu plus bas, mais encore les augmenter. Il faut donc premièrement lire ou dire l'énumération comme s'il n'y avait pas de complément. Ainsi, l'on fera un temps après *aperçut*, afin de la bien commencer ; seulement j'ajouterai que, comme ici elle se trouve double, il est nécessaire d'articuler le premier membre un peu plus haut qu'on ne le ferait ordinairement : c'est pourquoi j'ai mis en italique *les débris d'un na vire*. Le point de départ étant donné, je poursuis, et j'articule davantage DES BANCS DE RAMEURS, DES RAMES ; je redescends un peu, et je dis, UN GOUVERNAIL, UN MAT, *DES CORDAGES.*

Ma phrase ainsi distribuée, on ne confondra point les membres principaux avec les accessoires ; cela fait, j'intercale, pour ainsi dire, les phrases complémentaires. Je mets dans un son de voix un peu plus bas tous les compléments. N'ayant pas de signes qui puissent rendre entièrement ma pensée, je suis obligé de me servir des mêmes. Ma phrase, ainsi divisée, je la dis avec le mouvement que lui imprime le sens, qui est la surprise, qui cherche toutefois à se rendre compte.

« Puis | elle découvre *de loin* | DEUX HOMMES, dont *l'un* | paraissait âgé; | L'AUTRE, | *quoique jeune,* | ressemblait à Ulysse. Il avait | *sa douceur* et SA FIERTÉ | avec sa *taille* et SA DÉMARCHE | MAJESTUEUSE. »

J'ai mis *de loin* en italique pour indiquer qu'il faut le dire un peu plus bas, et DEUX HOMMES en petites capitales, afin de les accentuer un peu plus, de les détacher et de fixer sur eux l'attention. Le son doit exprimer la surprise et la terreur. L'UN et L'AUTRE sont en petites capitales, pour marquer de les articuler davantage. *Quoique jeune* sont en italique, pour indiquer, au contraire, de les moins prononcer. Les sons devant toujours être en harmonie avec les mots, je mets *douceur* en italique pour qu'il soit dit bas et doucement; et FIERTÉ en petites capitales, pour qu'il soit plus articulé, afin que l'un imite la douceur, et l'autre la hauteur ou la fierté. SA DÉMARCHE est en petites capitales, pour l'accentuer davantage, ainsi que MAJESTUEUSE.

Convaincu, par l'expérience, de tous les avantages que l'on retire d'études faites sur des morceaux analysés, j'ai dû les mettre à la fin de chaque exercice, sans aucune observation, pour faciliter l'application des règles que j'ai posées dans l'analyse.

Exposition de Télémaque.

« Calypso ne pouvait se consoler du départ d'Ulysse.

5

Dans sa douleur, elle se trouvait malheureuse d'être immortelle. Sa grotte ne résonnait plus du doux son de sa voix; les nymphes qui la servaient n'osaient lui parler. Elle se promenait souvent seule sur les gazons fleuris, dont un printemps éternel bordait son île. Mais ces beaux lieux, loin de modérer sa douleur, ne faisaient que lui rappeler le triste souvenir d'Ulysse, qu'elle y avait vu tant de fois auprès d'elle. Souvent elle demeurait immobile sur le rivage de la mer, qu'elle arrosait de ses larmes, et elle était sans cesse tournée vers la côte, où le vaisseau d'Ulysse, fendant les ondes, avait disparu à ses yeux. Tout-à-coup elle aperçut les débris d'un navire qui venait de faire naufrage; des bancs de rameurs mis en pièces, des rames écartées çà et là sur le sable, un gouvernail, un mât, des cordages flottant sur la côte. Puis elle découvre de loin deux hommes, dont l'un paraissait âgé; l'autre, quoique jeune, ressemblait à Ulysse. Il avait sa douceur et sa fierté, avec sa taille et sa démarche majestueuse. »

(Télémaque, Fénélon.)

ONZIEME DISCOURS.

DEUXIÈME EXERCICE.

Afin de ne pas répéter continuellement les mots *plus haut* et *plus bas*, j'indique quelques signes, qui feront connaître quand il faut monter ou baisser le ton.

| Ce trait indiquera de légères pauses.

l. h.	voudra dire	*légèrement haut.*
h.	id	*haut.*
pl. h.	id	*plus haut.*
b. h.	id	*bien haut.*
t. h.	id	*très-haut.*
l. b.	id	*légèrement bas.*
b.	id	*bas.*
pl. b.	id	*plus bas.*
b. b.	id	*bien bas.*
t. b.	id	*très-bas,*

L'Académie silencieuse, ou les emblèmes.

Messieurs,

L'auteur rend compte, dans ce morceau, de la réception d'un académicien. Ce récit est simple et spirituel, le ton dans lequel on le dira devra avoir le charme de la conversation de bonne compagnie ; la moindre prétention en détruirait l'effet.

« Il y avait à | *l. h.* AMADAN | une célèbre académie| dont le premier statut était conçu en ces termes : « Les

académiciens | *h.* PENSERONT | *pl. h. BEAUCOUP* ,
h. ECRIRONT | b. *peu* | *p. b.* et *ne parleront* | *b b.* que
le moins qu'il sera possible.

Ce statut étant le fond de l'action, il est nécessaire
d'en bien détacher toutes les parties. La pensée allant
en décroissant, le son suivra ce mouvement.

« On l'appelait | *h.* L'ACADÉMIE SILENCIEUSE ; | et il
n'était point | en Perse | de vrai savant | qui n'eût l'am-
bition d'y être admis.

Ces mots, L'ACADÉMIE SILENCIEUSE, comme titre, ont
besoin d'être plus articulés.

« Le docteur *l. h.* ZEB , | b. *auteur d'un petit livre
excellent,* | *intitulé* | *h.* LE BAILLON, apprit, b. *au fond
de sa province,* qu'il vaquait une place | dans l'académie
silencieuse. Il part aussitôt, | il arrive *l. h. à Amadan* ;
et , *l. b. se présentant à la porte de la salle* | b. *où les
académiciens sont assemblés,* | il prie l'huissier de re-
mettre au président ce billet : *h.* LE DOCTEUR ZEB | DE-
MANDE HUMBLEMENT LA PLACE VACANTE. L'huissier | s'ac-
quitta | *h. sur-le-champ* | de la commission ; mais le
docteur et son billet | arrivaient trop tard, la place |
était remplie.

Sur-le-champ , montrant le zèle de l'huissier, sera
dit avec vitesse.

« L'académie | fut désolée de ce contre-temps ; elle
avait reçu, b. *un peu malgré elle,* un bel-esprit de cour,
dont l'éloquence | *l. h. vive et légère,* faisait l'admira-
tion de toutes les ruelles, et elle se voyait réduite à refuser
le docteur Zeb, *h.* LE FLÉAU DES BAVARDS, une tête | *h. si
bien faite, pl. h.* SI BIEN MEUBLÉE !

Le son doit exprimer le mécontentement de l'académie
d'avoir reçu un protégé du pouvoir, et de se trouver dans

l'obligation de refuser M. Zeb, une tête *si bien faite,* si
BIEN MEUBLÉE ! Quel malheur !

« Le président, h. *chargé d'annoncer au docteur
cette nouvelle désagréable,* ne pouvait s'y résoudre et
ne savait | comment s'y prendre. Après avoir un peu
rêvé, il fit remplir d'eau | une grande coupe , mais |
h. SI BIEN REMPLIE, b. *qu'une goutte de plus* | eût fait
déborder la liqueur; puis il fit signe | qu'on introduisît
le candidat.

Dans cette phrase, le mouvement sera lent et indiquera que tout a été fait avec précaution.

« Il parut avec cet air | *b. simple* et *pl. b.* MODESTE|
qui annonce | presque toujours | le vrai mérite. Le pré-
sident se leva, et, b. *sans proférer une seule parole ,*
il lui montra | pl. b. *d'un air affligé* | la coupe em-
blématique, *h.* CETTE COUPE | si exactement pleine.

Les sons seront un peu graves dans la peinture de ce
tableau, et par conséquent seront plus lents.

« Le docteur comprit.| *h.* DE RESTE , qu'il n'y avait
plus de place à l'académie ; mais , b. *sans perdre cou-
rage,* il cherchait à faire comprendre | pl. h. QU'UN ACA-
DÉMICIEN SURNUMÉRAIRE | n'y changerait rien.

DE RESTE doit être détaché , et dit comme s'il y avait
que trop bien.

« Il voit à ses pieds | b. *une feuille de rose*; il la ra-
masse, il la pose | pl. b. *délicatement* | sur la surface
de l'eau , et fait | *b.* SI BIEN | qu'il n'en échappe pas|
pl. b. *une seule goutte.*

Ce tableau doit être peint avec des sons légers et gracieux, et cependant posés.

« A cette réponse ingénieuse, tout le monde | *h.* BAT-
TIT DES MAINS.

BATTIT DES MAINS sera détaché et plus articulé ; mais
on se gardera bien de le dire fortement ; ce serait un
non-sens. Il ne faut pas oublier que cette scène se passe
à l'Académie silencieuse, composée d'hommes réfléchis,
et par conséquent peu démonstratifs : battre des mains,
pour eux, c'est poser légèrement le bout des doigts de
la main droite dans la gauche, en accompagnant ce
mouvement d'un léger sourire.

« On laissa dormir les règles pour ce jour-là, et le
docteur *h.* ZEB | fut reçu | *h.* PAR ACCLAMATION.

L'observation précédente s'applique également aux
mots PAR ACCLAMATION.

« On lui présenta | SUR-LE-CHAMP | le registre de l'a-
cadémie, ou les récipiendaires | devaient s'inscrire eux-
mêmes.

SUR-LE-CHAMP, marquant l'empressement qu'on a mis
à le recevoir, sera dit rapidement.

« Il s'y inscrivit donc, et il ne lui restait plus qu'à prononcer, b. *selon l'usage*, une phrase de remerciement ;
mais, b. *en académicien vraiment silencieux*, le doc-
teur *h.* ZEB remercia | sans dire mot. Il écrivit en marge
le nombre | *h.* CENT ; | c'était celui de ses nouveaux
confrères ; puis, en mettant un zéro devant le chiffre, il
écrivit au-dessous : | *h*, ILS N'EN VAUDRONT, b. *ni moins*,
h. NI PLUS.

Détachez le mot CENT, en faisant un temps avant et
après, afin de bien l'isoler.

« Le président répondit au modeste docteur | *l. h.* AVEC
AUTANT DE POLITESSE | *h.* QUE DE PRÉSENCE D'ESPRIT.

Il mit le chiffre |*pl. h*, UN | devant le nombre | *b. h.* CENT|, et il écrivit : *h.* ILS EN VAUDRONT | *pl. h.* DIX FOIS DAVANTAGE. »

UN sera mis en relief en faisant un léger temps avant et après, ainsi que le mot CENT, qui sera encore plus fortement articulé.

L'Académie silencieuse, ou les Emblèmes.

« Il y avait à Amadan une célèbre Académie, dont le premier statut était conçu en ces termes : *Les académiciens penseront beaucoup, écriront peu, et ne parleront que le moins qu'il sera possible.* On l'appelait encore l'*Académie silencieuse*, et il n'était point en Perse de vrai savant qui n'eût l'ambition d'y être admis.

« Le docteur Zeb, auteur d'un petit livre excellent, intitulé *le Bâillon*, apprit, au fond de sa province, qu'il vaquait une place dans l'Académie silencieuse. Il part aussitôt ; il arrive à Amadan, et, se présentant à la porte de la salle où les académiciens sont assemblés, il prie l'huissier de remettre au président ce billet : *Le docteur Zeb demande humblement la place vacante.* L'huissier s'acquitta sur-le-champ de la commission ; mais le docteur et son billet arrivaient trop tard ; la place était déjà remplie.

« L'Académie fut désolée de ce contre-temps ; elle avait reçu, un peu malgré elle, un bel-esprit de cour, dont l'éloquence vive et légère faisait l'admiration de toutes les ruelles, et elle se voyait réduite à refuser le docteur Zeb, le fléau des bavards, une tête *si bien faite, si bien meublée !* Le président, chargé d'annoncer cette nouvelle désagréable, ne pouvait presque s'y résoudre, et ne savait comment s'y prendre. Après avoir un peu rêvé, il fit remplir d'eau une grande coupe, mais si bien remplie, qu'une goutte de plus eût fait déborder la liqueur. Puis il fit signe qu'on introduisît le candidat. Il parut avec cet air simple et modeste, qui annonce presque toujours le vrai mérite. Le président se leva, et, sans proférer une seule parole, il lui montra d'un air affligé la coupe emblématique, cette coupe si exactement pleine. Le docteur comprit de reste qu'il n'y avait plus de place à l'Académie; mais, sans perdre courage, il songeait à faire comprendre qu'un *académicien surnuméraire* n'y dérangerait rien. Il voit à ses pieds une feuille de rose, il la ramasse, il la pose délicatement sur la surface de l'eau, et fait si bien qu'il n'en échappe pas une seule goutte.

« A cette réponse ingénieuse, tout le monde battit des mains : on laissa dormir les règles pour ce jour-là, et le docteur Zeb fut reçu par acclamation. On lui présenta sur-le-champ le registre de l'Académie, où les récipiendaires devaient s'inscrire eux-mêmes. Il s'y inscrivit donc, et il ne lui restait plus qu'à prononcer, selon l'usage, une phrase de remerciement; mais, en académicien vraiment silencieux, le docteur Zeb remercia sans dire mot, il écrivit en marge le nombre *cent*, c'était celui de ses nouveaux confrères; puis, en mettant un zéro devant le chiffre, il écrivit au-dessous : *Ils n'en vaudront ni moins, ni plus* (0,100). Le président répondit au modeste docteur avec autant de politesse que de présence d'esprit; il mit le chiffre *un* devant le nombre *cent*, et il écrivit : *Ils en vaudront dix fois davantage* (1,100).

(L'abbé Blanchet, *Apologues orientaux.*

DOUZIÈME DISCOURS.

TROISIÈME EXERCICE.

Messieurs,

Le prédicateur se trouvant placé dans une position exceptionnelle, qui demande de la part de celui qui veut le devenir une étude particulière, j'ai pensé qu'on ne lirait pas sans intérêt quelques-unes des maximes du père Gaichiès, sur l'orateur chrétien. J'espère, en outre, qu'elles feront sentir la nécessité de s'occuper de l'étude de la parole, et qu'elles prouveront qu'il ne suffit pas de la foi pour être prédicateur. Ces maximes doivent inspirer d'autant plus de confiance, qu'elles ont été écrites par un homme de talent, qui avait beaucoup pratiqué, beaucoup vu, et surtout beaucoup observé. Je n'ai extrait que celles qui ont rapport à l'action de la parole.

Maximes du père Gaichiès.

« La science et la méthode peuvent former des prédicateurs ; mais ils ne seront que médiocres s'ils manquent de talents naturels, et ces talents deviennent surnaturels, s'ils sont maniés par le travail.

« Le talent de la chaire est un assemblage de différentes qualités propres à se faire écouter, à persuader et à toucher. Cet assemblage est rare : le nombre des prédicateurs n'en est pourtant pas moins grand ; c'est que plusieurs, contents d'eux-mêmes, croient contenter l'auditeur.

« A la capacité, à la piété, au zèle, joindre de l'esprit, du bon sens, une imagination vive, une mémoire fidèle,

une assurance modeste, un dehors agréable, un geste
aisé, une voix nette et sonore, une véhémence qui touche
et qui émeut, c'est réunir les talents de la chaire.

« Le talent de la chaire a longtemps consisté dans la
facilité de parler. On demande aujourd'hui plus d'art.
La religion mérite bien qu'on se prépare à l'enseigner.
La négligence de l'orateur le rend coupable du dégoût
de l'auditeur.

« L'art doit perfectionner la nature et non pas la former. Hors du naturel, tout est faux, air, voix, geste,
langage, élocution, figures. Ce qui est contrefait ne
saurait ni plaire, ni toucher.

« L'imitation est dangereuse; on perd ce que l'on a de
génie en voulant prendre celui d'un autre. Il faut étudier son talent, le bien connaître et le suivre. Souvent
on imite ce qu'il faudrait éviter; le faux, l'irrégulier est
ce qui frappe davantage. Le peintre attrape plus aisément les défauts d'un visage que la juste proportion des
traits. Il faut toujours se proposer un bon modèle et s'ef-
forcer de l'atteindre.

« Il n'y a presque point de sujet dans l'Eglise qui n'ait
de talent pour prêcher. Tel qui s'en croit incapable, manque plutôt de courage ou d'application que de moyens.

« Rendre l'auditeur attentif est important. *L'attention est une servitude;* on n'y retient que ceux qu'on a
su prendre. Il ne faut jamais se négliger, pas même à la
campagne. Outre qu'on doit ce respect au ministère, le
peuple sent ce qu'il ne connaît pas, et il le goûte. Partout
il y a quelque connaisseur, qui juge, qui applaudit, ou
qui décrie; son goût règle celui des autres; il entraîne la
foule, et la foule ne l'entraîne pas.

« On doit profiter du concours des auditeurs et de
leurs applaudissements, pour soutenir la vérité avec plus
de force, pour censurer les vices avec plus de vigueur.

Le Sauveur chassa les vendeurs du temple, le jour qu'il fut reçu en triomphe dans Jérusalem.

« Le cœur a des oreilles pour le langage du cœur ; celui de l'esprit a un langage tout différent ; on ne s'y méprend guère. Le maître intérieur parle et en même temps se fait entendre.

« L'univers fut converti par un petit nombre d'ouvriers simples, grossiers, qui cherchaient Dieu ; aujourd'hui des orateurs en foule qui se cherchent eux-mêmes ne convertissent personne.

« Il prend à l'autel, auprès de Dieu, les intérêts du peuple, pour soutenir ensuite dans la chaire et devant le peuple les intérêts de Dieu : *c'est un ange qui, à l'aide de l'échelle mystérieuse, entretient un commerce continuel entre le ciel et la terre.* Il embrasse en secret la croix, prêt à lui rendre en public, s'il est besoin, un témoignage de sang.

« Rien de plus nécessaire pour le succès d'un sermon que la mémoire ; un sermon bien appris paraît bon, quoiqu'il ne soit que médiocre, et, s'il est bon, il paraît excellent.

« S'il n'est point de défaut qui frappe tant l'auditoire que le défaut de mémoire, il n'en est point non plus qui le fatigue davantage ; il souffre toute la peine que le prédicateur s'est épargné en la négligeant.

« Le prédicateur, qui a négligé d'apprendre, paie bien chèrement le plaisir de sa paresse. C'est un triste sort que celui d'un orateur qui hésite ; dans la nécessité de penser à ce qu'il va dire, il ne pense jamais à ce qu'il dit. Une mémoire qui travaille contraint l'action et ôte l'inflexion à la voix.

« Les sens sont les premiers juges du sermon ; on doit les gagner par ce qui est sensible ; par l'air, le geste, la voix. La prononciation donne au discours un mérite qu'on n'y sent plus quand on le lit.

« Il n'est pas défendu de concerter l'action, pourvu que ce soit moins pour plaire, que pour instruire et toucher.

« La chaire a ses bienséances et ses règles, le bon sens veut qu'on les garde, et la piété ne s'y oppose pas. On observe celles de la grammaire et de la logique : pourquoi négligerait-on celles qui concernent l'action ?

« Les hommes apostoliques peuvent avoir négligé ces règles ; la plénitude du Saint-Esprit leur tenait lieu d'art et de méthode. Cet heureux temps n'est plus : mais si les manières sont différentes, la foi est toujours la même. Voudrait-on interdire à l'éloquence sacrée des moyens innocents dont l'éloquence profane se sert avec succès ? La charité a droit sur ce que la cupidité usurpe.

« On peut étudier une action dans le cabinet ; en chaire il n'y faut plus penser. C'est alors le temps de s'occuper entièrement du sujet et des fins sublimes du ministère

« L'air et la représentation de l'orateur sont des expressions vives qui parlent aux yeux ; de même que le langage, elles ont leurs beautés et leurs défauts. On en prescrit les règles ; la plus générale, c'est d'éviter l'affectation ; partout odieuse et méprisable, elle est ici criminelle. L'air d'un homme persuadé, persuade.

« L'extérieur le plus convenable au prédicateur est celui qui rappelle mieux l'idée d'un ministre évangélique. L'humilité, l'austérité, sont mieux représentés par un extérieur simple.

« L'auditeur doit voir d'un même coup d'œil les yeux, la bouche, la main de l'orateur agir de concert, et lui dire la même chose, chacune à sa manière.

« Les manières sont fausses, quand elles font dans l'esprit de l'auditeur le contraire de ce que le prédicateur s'est proposé.

« L'air consiste dans la situation et le mouvement de tout le corps. Tout doit parler dans le prédicateur ; tout doit frayer le chemin aux projets de son zèle.

« L'immobilité dans tout le corps, l'action froide et ennuyeuse, la trop grande agitation est indécente. Il faut chercher un milieu entre ces deux extrémités. Assis, on établit, on développe les principes, on narre, s'il en est besoin. Debout, on apostrophe, on presse, on anime les endroits qui doivent toucher.

« La tête trop élevée marque arrogance ; trop baissée ou négligemment penchée, c'est ou langueur, ou timidité, ou dévotion affectée. La modestie met dans la vraie situation.

« La tête par ses divers mouvements, admire, méprise, accorde, refuse, s'indigne ou compâtit. Elle doit être en tout de concert avec la main.

« Le visage est ce qu'on observe le plus dans l'orateur ; toutes les passions y jouent leur rôle ; il est de tous pays et de toutes langues : les plus ignorants y sauront lire. On y reconnaît la dévotion, la dissipation, la joie, la tristesse, la colère, la compassion. Il doit s'assujettir au sujet, et faire sentir ou deviner les mouvements de l'âme.

« Le geste est, en quelque sorte, à la parole ce que la parole est à la pensée ; il lui donne un corps, et la fait sentir même aux sourds. Tout l'extérieur aide à la parole ; la main quelquefois y supplée.

« Chaque mouvement de l'âme a un geste qui lui est propre. La main appelle, congédie, supplie, menace, assure les choses par serment ; et c'est par des mouvements relatifs et proportionnés à ceux de l'âme que la main produit tous ces effets.

« Le geste doit se former naturellement et suivre la parole, sans étude ; l'art n'y doit avoir part que pour le remettre dans le naturel [1]; il faut y travailler dans le particulier ; en public il n'est plus temps d'y penser. Les gestes outrés sont plutôt des convulsions que des mouvements d'éloquence.

« La voix, encore plus que le geste, est l'interprète des pensées ; elle remue les passions. L'âme se laisse prendre par l'oreille, et la fiction des chaînes d'or qui la captive a sa réalité.

« Dans un sermon, elle doit être plus haute et plus harmonieuse que l'entretien familier. Sans s'asservir scrupuleusement aux règles de la musique, il faut néanmoins avoir un sentiment naturel des tons.

« La monotonie est à la voix ce qu'est le défaut de variété au style : elle ennuie, elle assoupit, et ne parvient guère à la persuasion. On pourrait l'éviter en trouvant un milieu entre le ton de la déclamation et celui de la conversation.

« Selon le sujet et l'occasion, la voix doit former des accents doux et rudes, gais ou plaintifs, coulants ou entrecoupés, familiers ou emphatiques. L'orateur ne doit point néanmoins sortir de son naturel.

« La voix sonore, douce et flexible, se fait écouter avec plaisir. Elle déplaît, quand elle est sourde ou aiguë. Il faut prendre le meilleur ton, comme on choisit le meilleur tour.

« On doit s'étudier à une prononciation distincte et articulée, qui fasse sonner toutes les syllabes. L'essentiel, le principal soin, est de se faire aisément et entièrement entendre.

« On n'écoute pas longtemps ce que l'on n'entend qu'avec difficulté. Le sens échappe, si l'application est

---

[1] Ici le père Gaichiès est dans l'erreur ; c'est la parole qui doit suivre le geste.

toute au contraire des paroles. L'orateur qui peine en prononçant, fait souffrir son auditeur. Le bon accent est celui qui ne fait pas sentir le pays de l'orateur. La meilleure prononciation doit être majestueuse, sans emphase. L'articulation exacte et le beau son de la voix produisent cette majesté.

« Pour bien articuler, il faut *savoir la valeur des consonnes, le vrai son des voyelles*, leur élision, la quantité des syllabes ; placer l'accent où il faut, aspirer à propos, doubler ou adoucir certaines lettres.

« La volubilité de la langue a ses grâces, pourvu qu'elle ne soit point outrée. Une prononciation trop rapide fatigue l'auditeur ; celle qui est trop lente le dégoûte ; l'orateur languissant ressemble à un malade qui se traîne.

« L'étendue de l'auditoire est la mesure de la voix ; il suffit de l'élever jusqu'à la portée de l'auditeur le plus reculé ; il est à souhaiter qu'elle soit assez pleine pour remplir le vaisseau sans efforts. La contention de la voix ne saurait durer ; elle fatigue également l'auditeur et l'orateur.

« Si l'on veut émouvoir trop tôt, on n'émeut point. Le feu, consumé sans nécessité, manque aux besoins ; employé à mesure qu'on évoque, il réveille l'attention ralentie. »

Je n'ajouterai rien à ce que dit le père Gaichiès. La manière dont il définit le prédicateur me semble on ne peut plus juste : *C'est un ange qui, à l'aide de l'échelle mystérieuse, entretient un commerce continuel entre le ciel et la terre.* Ainsi, le prêtre se trouve placé entre l'humanité et la Divinité. Il faut donc qu'il y ait dans sa voix et dans son maintien quelque chose qui annonce qu'il est sous une influence divine ;

rien de terrestre ne doit transpirer; au fur et à mesure qu'il parle, l'homme doit disparaître et faire place à l'homme-Dieu. Pour arriver à ce résultat, il rendra ses syllabes plus sonores, plus souples, et donnera à ses gestes de la noblesse et de la grâce.

Exorde du père Bridaine.

Le père Bridaine était un prédicateur d'un immense talent. Il s'était rendu célèbre, dans les provinces qu'il parcourait, par la chaleur qu'il mettait à foudroyer tout ce qui n'était pas juste; aucune considération de convenance ne l'arrêtait. Sa parole puissante en imposait même aux grands. La foule le suivait partout. La belle société de Paris, qui ne reconnaît de mérite que celui qu'elle a proclamé, désira entendre le père Bridaine, pour voir si c'était, non pas un bon prêtre, mais un savant prédicateur. On pria donc le père Bridaine de venir à Paris. Il se rendit à l'invitation qui lui fut faite. Sitôt que l'on sut, je ne dirai pas à Paris, mais dans les villes environnantes, qu'il devait prêcher à Saint-Sulpice, tout ce que la province renfermait de plus distingué par le rang et la fortune, s'y donna rendez-vous. Le jour fixé, l'Eglise fut comble. Jamais réunion n'avait été si brillante : des évêques, des princes s'y faisaient remarquer. Le père Bridaine, ayant une longue barbe, le corps couvert d'une robe de serge, nouée au milieu du corps par une grosse corde, traversa cette superbe assemblée avec le même calme que s'il eût été au milieu de ses campagnards. Le luxe que l'on avait déployé, loin de lui en imposer, et, par conséquent, de le paralyser, réveilla chez lui tout son talent. Il était surtout indigné de voir que cette brillante société avait quitté pour un instant ses plaisirs, non pour venir entendre expliquer la parole de Dieu, mais assister à un spectacle. Il éprouve un mouvement d'indignation qu'il comprime un instant. Il se recueille ; et, en orateur savant, il cherche à captiver son auditoire par des sons harmonieux et modestes, et pourtant fermes, qui annoncent un homme maître de lui et de son sujet. •

« A la vue d'un auditoire | si nouveau pour moi, il semble, | *b.* mes frères, | que je ne devrais ouvrir la bouche que pour vous demander grâce | en faveur d'un pauvre missionnaire | dépourvu | de tous les talents que vous exigez, | quand on vient vous parler | de votre salut.

Il faut que les sons soient harmonieux, mais non entièrement arrêtés, parce que cette phrase est une réticence. Lorsque, dans un sermon, le mot *frère* se rencontre, on doit toujours le détacher et le dire un peu plus bas, avec onction et amour.

« J'éprouve | cependant | un sentiment | *h.* bien différent, et, si je me sens humilié, | *h.* gardez-vous | de croire que je m'abaisse | aux misérables inquiétudes de la vanité.

Comme l'indignation que le père Bridaine a éprouvée lui cause une légère agitation, il ne veut pas laisser croire à son auditoire que c'est lui qui en est la cause. L'accent doit être ferme, mais toujours harmonieux. Le mot *humilié* doit être dit comme s'il y avait : « mais si j'éprouve de l'agitation, gardez-vous, etc. »

« A Dieu ne plaise | *h.* qu'un ministre du ciel | pense jamais avoir besoin d'excuse auprès de vous ; | car, *h.* qui que vous soyez, | vous n'êtes tous, | *b.* comme moi | au jugement de Dieu | *h.* que des pécheurs.

6

Ici le père Bridaine vient de prendre sa place d'homme de Dieu, et de faire entendre à son brillant auditoire qu'il va lui dire la vérité. Les sons doivent être brillants et fermes.

« C'est donc uniquement devant votre Dieu | et b. *le mien* | que je me sens pressé | dans ce moment | de frapper ma poitrine.

Plus d'auditoire pour le père Bridaine ; il lui déclare positivement qu'il n'est rien pour lui. Il ne reconnaît d'autre puissance que celle de Dieu. *Le mien* doit être bien détaché et dit avec amour et vénération. Ce passage sera fortement articulé. Après cette solennelle déclaration, qui a frappé d'étonnement son auditoire, le père Bridaine, avant de le pulvériser, fait un temps afin de le mieux préparer à recevoir les grands coups qu'il va lui porter.

« Jusqu'à présent | b. j'ai publié les justices du Très-Haut | *dans des temples* | b. b. *couverts de chaume ;* b. j'ai prêché les rigueurs de la pénitence | à des infortunés | dont la plupart | t. b. MANQUAIENT DE PAIN ; b. j'ai annoncé les vérités les plus effrayantes de ma religion | *pl. b. aux bons habitants des campagnes...* Qu'ai-je fait, malheureux ! j'ai contristé les pauvres, b. *les meilleurs amis de mon Dieu !* J'ai porté l'épouvante et la douleur | pl. b. *dans ces âmes* | b. b. SIMPLES ET FIDÈLES | que j'aurais dû | plaindre et consoler !

Il est sûr que, dans ce passage, le père Bridaine se repent d'avoir employé son talent à aggraver la situation malheureuse d'habitants de mœurs douces et simples. On doit exprimer tout le regret qu'il éprouve, en mettant un peu de larmes dans sa voix. Elles doivent se faire plus sentir dans la seconde partie; surtout quand il dit « les meilleurs amis de mon Dieu. »

Il est nécessaire, pour s'habituer à dire les trois premières périodes, de mettre, à la fin de chacune : « Qu'ai-je fait, malheureux ! » par conséquent de dire : « Jusqu'à présent j'ai publié les justices du Très-Haut dans des temples couverts de chaume, » en ajoutant : « Qu'ai-je fait, malheureux ! » Et ainsi des autres.

Quand on veut déterminer des larmes dans un auditoire, on donne à ses syllabes beaucoup plus de longueur, en ayant soin de les laisser un peu séjourner intérieurement, afin de leur donner le temps de s'imprégner du sentiment que l'on veut exprimer.

Après cet acte de contrition, le père Bridaine fait un temps ; il jette sur son auditoire un regard qui le fascine ; il réunit ses forces et se précipite sur lui avec le rugissement du lion.

« C'est ici où mes regards ne tombent | que *l. h.* sur des grands, | *h. sur des riches*, | *pl. h.* SUR DES OPPRESSEURS DE L'HUMANITÉ SOUFFRANTE, | OU SUR DES PÉCHEURS AUDACIEUX ET ENDURCIS ; ah ! c'est ici seulement, *l. b. au milieu de tant de scandale*, qu'il fallait faire retentir la parole sainte | *pl. h.* dans toute la force | de *t. h.* SON TONNERRE, et placer avec moi, *l. b. dans cette chaire*, *pl. h.* D'UN CÔTÉ, | *b. la mort*, | qui vous menace, et DE L'AUTRE, | *t. h.* MON GRAND DIEU, qui vient tous nous juger. Je tiens déjà dans ce moment | votre sentence *pl. h. à la main*: *t. h.* TREMBLEZ DONC DEVANT MOI; | hommes *l. h.* superbes et | *l. b.* dédaigneux, qui m'écoutez !

Le père Bridaine ne se contient plus ; il foudroie de toute la force de son talent ce brillant auditoire. Sa parole est si puissante, que pas un n'ose bouger. Ce pas-

sage, pour produire de l'effet, a besoin d'être dit avec
des sons fortement articulés. Pour bien faire ces sons,
on comprime l'air dans la bouche, et on le pousse ensuite avec force. C'est surtout dans les passages de ce
genre qu'il est nécessaire de respirer souvent, et cependant de manière à ce que cela ne paraisse pas. Il serait
impossible d'arriver jusqu'à la fin sans le secours de la
respiration, puisque le mouvement va *crescendo*. Il
faut calculer ses forces pour dire avec la plus grande
énergie : *Tremblez donc devant moi*, etc.

« L'abus ingrat | de toutes les espèces de grâces;
l. h. la nécessité du salut, *h*. LA CERTITUDE DE LA
MORT, *pl. h.* L'INCERTITUDE DE CETTE HEURE SI
EFFRAYANTE POUR VOUS, *h*. L'IMPÉNITENCE FINALE,
pl. h. LE JUGEMENT DERNIER, *b. h. LE PETIT
NOMBRE DES ÉLUS* ; *h*. L'ENFER | et | par-dessus
tout | *b. b.* L'ÉTERNITÉ ! *t. h. L'ÉTERNITÉ !* Voilà
les sujets | dont je viens vous entretenir | et que j'aurais
dû | *l. b.* sans doute | réserver pour vous seuls.

Le père Bridaine énumère les questions graves qu'il
va traiter. L'accent de cette énumération sera simple et
énergique tout à la fois.

« Eh ! qu'ai-je besoin de vos suffrages | qui me dam-
neraient | *l. b.* peut-être | sans vous sauver ?

Le ton de cette exclamation doit être empreint d'un
son dédaigneux. Ici le père Bridaine s'arrête; il lui semble qu'il a suffisamment châtié son auditoire. Maintenant ce n'est plus lui qui va agir, c'est Dieu.

« Dieu | va vous émouvoir, l. b. *tandis que son in-
digne ministre vous parlera ;* car j'ai acquis | une lon-
gue expérience de ses miséricordes; c'est lui-même, |
pl. h. *c'est lui seul* qui, dans quelques instants | va

remuer le fond de vos consciences ; aussitôt | l. h. *saisis d'effroi*, *h.* PÉNÉTRÉS D'HORREUR | POUR VOS INIQUITÉS PASSÉES, vous viendrez vous jeter | entre mes bras de charité | l. b. *en versant des larmes de componction et de repentance,* | et, | *h.* A FORCE DE REMORDS, | vous me trouverez | assez éloquent. »

Le ton le plus onctueux et le plus suave doit régner dans cette fin.

Exorde du père Bridaine.

«A la vue d'un auditoire si nouveau pour moi, il semble, mes frères, que je ne devrais ouvrir la bouche que pour vous demander grâce en faveur d'un pauvre missionnaire, dépourvu de tous les talents que vous exigez quand on vient vous parler de votre salut. J'éprouve cependant un sentiment bien différent, et, si je me sens humilié, gardez-vous de croire que je m'abaisse aux misérables inquiétudes de la vanité. A Dieu ne plaise qu'un ministre du ciel pense jamais avoir besoin d'excuse auprès de vous ; car, qui que vous soyez, vous n'êtes tous comme moi, au jugement de Dieu, que des pécheurs. C'est donc uniquement devant votre Dieu et le mien que je me sens pressé, dans ce moment, de frapper ma poitrine. Jusqu'à présent, j'ai publié les justices du Très-Haut dans des temples couverts de chaume ; j'ai prêché les rigueurs de la pénitence à des infortunés dont la plupart manquaient de pain ; j'ai annoncé les vérités les plus effrayantes de ma religion aux bons habitants des campagnes : qu'ai-je fait, malheureux ! j'ai contristé les pauvres, les meilleurs amis de mon Dieu ; j'ai porté l'épouvante et la douleur dans ces âmes simples et fidèles, que j'aurais dû plaindre et consoler. C'est ici où mes regards ne tombent que sur des grands, sur des riches, sur

des oppresseurs de l'humanité souffrante, ou sur des pécheurs audacieux et endurcis : ah ! c'est ici seulement,
au milieu de tant de scandale, qu'il fallait faire retentir
la parole sainte dans toute la force de son tonnerre, et
placer avec moi, dans cette chaire, d'un côté la mort qui
vous menace, et de l'autre mon grand Dieu, qui vient
tous vous juger. Je tiens déjà dans ce moment votre
sentence à la main : tremblez donc devant moi, hommes
superbes et dédaigneux qui m'écoutez. L'abus ingrat de
toutes les espèces de grâces, la nécessité du salut, la
certitude de la mort, l'incertitude de cette heure si effrayante pour vous, l'impénitence finale, le jugement
dernier, le petit nombre des élus, l'enfer, et par-dessus
tout l'éternité, l'éternité ! voilà les sujets dont je viens
vous entretenir, et que j'aurais dû sans doute réserver
pour vous seuls. Eh ! qu'ai-je besoin de vos suffrages,
qui me damneraient peut-être sans vous sauver. Dieu
va vous émouvoir, tandis que son indigne ministre vous
parlera ; car j'ai acquis une longue expérience de ses
miséricordes. C'est lui-même, c'est lui seul qui, dans
quelques instants, va remuer le fond de vos conscien-
ces ; aussitôt, saisis d'effroi, pénétrés d'horreur pour vos
iniquités passées, vous viendrez vous jeter entre mes
bras de charité en versant des larmes de componction et
de repentance, et, à force de remords, vous me trouve-
rez assez éloquent. »

TREIZIÈME DISCOURS.

QUATRIÈME EXERCICE.

Première scène d'Athalie.

Messieurs,

Souvent on m'a fait cette question : *Les vers doivent-ils être dits de la même manière que la prose?* Je vais répondre aujourd'hui : *oui* et *non*. Oui, par rapport au naturel, et non, par rapport à l'harmonie et à la force d'expression. La même phrase, rendue en prose et en vers, aura deux manières d'être dite bien sensibles; dans le premier cas, elle aura plus de laisser-aller, et, dans le second, elle sera plus apprêtée. Pour rendre ma pensée claire, je vais me servir d'une comparaison un peu triviale, mais qui n'en est pas moins juste. Je comparerai la première à la mise de tous les jours, et la seconde à celle des fêtes. Ce qui rend la diction des vers difficile, c'est l'obligation où l'on est de les dire avec un ton naturel et harmonieux tout à la fois. Mais ce n'est pas là encore la plus grande difficulté; elle serait bientôt vaincue, et tout le monde saurait dire les vers; pour cela il suffirait de donner un peu plus de valeur à ses syllabes.

Vous savez, messieurs, que la versification est remplie d'inversions et d'ellipses : eh bien! là est la grande difficulté; car il faut que, malgré les transpositions de mots, et malgré l'absence de ceux qui développeraient la phrase et donneraient par conséquent plus de facilité pour la dire, le lecteur conserve à chacune de ses parties le ton qu'elle aurait dans l'ordre grammatical, et

de plus qu'il mette l'expression des mots retranchés.
Voilà ce qui rend le débit de la poésie vraiment difficile.

Ainsi, pour bien dire les vers, il faut que l'expression
naturelle s'y trouve, qu'ils soient dits avec harmonie, que
les tons propres à chaque partie de phrase soient con-
servés malgré leurs déplacements, et qu'en outre on entende bien celles que l'auteur a supprimées.

Les vers purement poétiques présentent encore une
difficulté de plus; c'est celle de communiquer à sa voix
l'harmonie de cette musique intérieure que le poète entend lorsqu'il est sous le charme de l'inspiration; sans
cela ce genre est insupportable.

Dans les vers alexandrins, doit-on s'arrêter à l'hémistiche et à la fin de chaque vers? Non, sans doute; Cette
manière de couper produit une monotonie qui fatigue
promptement l'oreille.

Doit-on faire sentir la rime des vers? Certainement;
sans cela il n'y aurait plus de versification.

L'art consiste donc à conserver l'harmonie de la rime
en en faisant disparaître la monotonie par des enjambe-
ments savamment combinés, c'est-à-dire, en passant rapidement d'un vers à l'autre, en ayant soin toutefois de
bien détacher la rime. C'est ce que font toutes les personnes qui ont le sentiment du débit poétique. Quand le
célèbre Talma entrait en scène dans Néron, il ne s'arrêtait point à la fin du premier vers, mais il articulait tellement la dernière syllabe, qu'il conservait à la rime
toute sa puissance.

Pour donner de l'harmonie à un vers, coupez-le ainsi
que l'auteur l'a fait, c'est-à-dire, arrêtez-vous à la césure,
indiquez l'hémistiche et faites sentir les rimes, surtout
les féminines. Ajoutons qu'il faut que le travail soit tellement bien fait, qu'il disparaisse entièrement. Rien de

plus nuisible au débit de la versification que tout ce qui sent l'apprêt. Ce que je viens de dire s'étend à tous les genres de poésie.

Avant de passer à l'explication de la scène d'Athalie, permettez-moi, messieurs, de dire un mot sur la tragédie; ici, ce n'est point moi qui parlerai, c'est le grand, l'immortel Talma.

« La tragédie, me disait-il, est le langage des passions. Or, comme on ne parle point dans l'état de passion comme dans l'état ordinaire de la vie, c'est ce langage qu'il faut tâcher d'imiter, lorsqu'on dit ou lit de la tragédie. La tragédie est naturelle, mais c'est une nature grande et large, dont l'imitation est difficile. »

Vous le voyez, d'après Talma, la tragédie est le langage des passions; mais, pour bien lire ou représenter une tragédie, suffira-t-il de connaître le genre de passion qui agite tel ou tel personnage ? Non, certainement; il faut encore connaître la position qu'il occupe dans la société et le lieu où se passe la scène; car le ton variera selon l'endroit. Ainsi l'on ne parlera pas de la même manière sur une place publique que dans un temple. Maintenant voyons si ce que je viens de dire est juste dans l'application.

Première scène d'Athalie.

Cette tragédie prouve que Dieu ne laisse jamais les crimes impunis, quelque haut placés que soient les criminels. Voilà pour l'ensemble de l'ouvrage. Maintenant qu'est-ce que Joad? C'est un grand-prêtre plein de confiance en Dieu; il a toujours vécu dans le temple; ses mœurs sont simples, son caractère est noble. Malgré les menaces d'Athalie, il est resté fidèle à ses rois; il croit que Dieu s'apprête à punir cette reine homicide.

Qu'est-ce qu'Abner? C'est un chef d'armée qui a servi Athalie, non pas parce qu'il a embrassé son parti, mais parce qu'elle est reine; et que, comme chef, il se croit obligé de soutenir la royauté. Au fond, c'est un homme probe, qui a su se conserver intact au milieu de la corruption générale. Il vit dans les camps, ses mœurs sont austères. Il croit le grand-prêtre en danger, et il vient le prévenir.

Où se passe la scène? Dans le temple.

(Ce signe — indiquera que l'on doit faire sentir la rime, mais non s'y arrêter.)

ABNER.

Oui, je viens | *l. .h.* dans son temple | *l. b.* adorer l'Eternel ;
h· Je viens, *l. b.* selon l'usage antique et | *l. h.* solennel,
Célébrer avec vous | la fameuse journée —
Où sur le mont Sina | la loi nous fut donnée.

Pour bien dire ces premiers vers, on doit supposer que Joad vient d'adresser ce reproche à Abner : « Comment! c'est vous, Abner, qui venez dans le temple? » Alors le monosyllabe *oui,* sera dit avec un ton affirmatif. Ces premiers vers, exprimant le retour sincère d'Abner vers Dieu, doivent être dits avec amour et vénération. Les sons qui expriment la vénération sont toujours suaves ; on doit articuler fortement et longuement les deux rimes féminines, pour que l'oreille les distingue.

Que les temps sont changés!

Ce regret doit être dit avec un soupir. Pour rendre l'expression de cette pensée, on respirera fortement, et l'on parlera en laissant le son s'éteindre.

Sitôt que de ce jour,
La trompette sacrée | annonçait le retour,

Du temple | *l. b.* orné partout de festons magnifiques,
Le peuple saint | *t. h.* en foule | inondait les portiques;

Devant ce passage, on mettra le mot *autrefois. En foule*, faisant image, a besoin d'être non-seulement détaché, mais encore prononcé largement et sourdement tout à la fois, afin d'imiter le bourdonnement de la foule.

Et tous | devant l'autel | avec ordre introduits,
De leurs champs | dans leurs mains | portant les nouveaux fruits,
h. Au Dieu de l'univers | consacraient ces prémices.

Abner fait ici la peinture des processions qui avaient lieu autrefois; il lui semble voir encore l'ordre qui y régnait et l'aspect religieux qu'elles offraient. Le son indiquera donc le sentiment de vénération que chacun y apportait, et de plus marquera le plaisir mêlé de regret qu'Abner éprouve à se rappeler ces cérémonies.

Les prêtres | ne pouvaient suffire aux sacrifices.

Pour bien dire ce vers, il faut mettre devant, *il y avait tant de monde que* les prêtres, etc. Si l'on n'entend pas tout cela, lorsque l'on prononce *les prêtres*, ce vers ne résumera pas l'expression du regret que renferme tout le passage que l'on vient d'analyser.

L'audace d'une femme | *l. b.* arrêtant ce concours, |
En des jours ténébreux | a changé ces beaux jours.

Ici le ton change entièrement. Abner s'en prend à la cause de tout ce mal, et il est tellement courroucé qu'il oublie qu'il parle d'une reine qu'il a servie et qu'il sert encore; aussi emploie-t-il l'épithète de *femme*, et il est probable que s'il ne parlait pas dans un temple et à un grand-prêtre, il se servirait d'un mot plus énergique; mais, quoiqu'il y ait le mot *femme*, on doit mettre dans l'expression toute l'indignation et le mépris qu'il ressent pour Athalie.

> D'adorateurs zélés *h*. à peine | un petit nombre
> Ose | *l. h.* des premiers temps | nous retracer quelque ombre,
> *h*. Le reste | pour son Dieu | montre un oubli fatal,
> *pl. h*. Ou même | s'empressant aux autels de Baal,
> Se fait initier | à ses honteux mystères,
> *b. h*. Et blasphème le nom | qu'ont invoqué leurs pères..

A peine doit être bien accentué; *le reste,* etc.. Ici il ne doit plus y avoir de regret, mais du mépris pour toute cette tourbe sans foi religieuse et politique, qui, pour avoir quelques plaisirs physiques, s'est vendue corps et âme à Athalie. Les sons du mépris ne sont jamais brillants; on les jette de sa bouche comme quelque chose d'impur.

> Je tremble | *l. h.* qu'Athalie, *l. b.* à ne vous rien cacher,
> *h*. Vous-même | *l. b.* de l'autel | vous faisant arracher,
> N'achève enfin sur vous | ses vengeances funestes,
> *pl. h*. Et d'un respect forcé | ne dépouille les restes,

Abner fait part de ses craintes à Joad. Ce passage rentre dans le ton de la haute conversation.

JOAD.

> D'où vous vient | aujourd'hui | ce noir pressentiment?

Cette interrogation doit être faite avec dignité et tranquillité.

ABNER.

> Pensez-vous | être saint *l. h.* et juste impunément?
> *h*. Dès longtemps | elle hait | cette fermeté rare —
> Qui rehausse en Joad | l'éclat de la tiare;
> *pl. h*. Dès longtemps | votre amour pour la religion —
> Est traité de révolte et de sédition.

Devent le second vers on ajoutera : Eh bien ! je vous dirai, si vous ne le savez pas, que *dès longtemps*, etc. Ce passage est toujours de la conversation soutenue.

Du mérite éclatant | *l. h.* cette reine | *h.* jalouse —

Pour donner à ce vers son véritable sens, il faut commencer par le remettre dans l'ordre logique, qui est : *Cette reine,* | *jalouse du mérite éclatant* ; ensuite le dire en conservant à chaque partie son ton naturel. Alors il n'y aura plus de doute pour l'intelligence, qui, malgré l'inversion, verra toujours que c'est une reine jalouse du mérite éclatant, et non pas une reine jalouse.

Hait surtout | *l. h.* Josabet | votre fidèle épouse.
Si du Grand-prêtre Aaron | *l. h.* Joad est successeur,
De notre dernier roi | *h.* Josabet est la sœur.
h. Mathan | d'ailleurs | *pl. h.* Mathan | *b.* ce prêtre sacrilége,
l. h. Plus méchant qu'Athalie | *b.* à toute heure l'assiège ;
b. h. Mathan | de nos autels | *h.* infâme déserteur,
Et de toute vertu *pl. h.* zélé persécuteur.

L'indignation d'Abner pour Mathan, homme de pouvoir, vendu à Athalie, éclate en ce moment ; il faut que les sons expriment tout le mépris et le dégoût que lui inspire cet homme vil. Ils ne sauraient avoir trop d'énergie.

C'est peu | *l. b.* que le front | ceint d'une mitre étrangère,
l. h. Ce lévite | à Baal prête son ministère,
h. Ce temple | l'importune | *pl. h.* et son impiété —
Voudrait anéantir | *b. h.* le Dieu | qu'il a quitté.
l. h. Pour vous perdre | il n'est point de ressort | qu'il n'invente :
h. Quelquefois | il vous plaint | *pl. h.* souvent même | il vous vante ;
Il affecte | *l. b.* pour vous | une fausse douceur ;
Et par là | de son fiel colorant la noirceur,
l. h. Tantôt | à cette reine | il vous peint redoutable,
h. Tantôt | voyant pour l'or | sa soif insatiable,

Il lui feint { *l. b.* qu'en un lieu que vous seul connaissez
Vous cachez des trésors | *l. h.* par David amassés.

Ce tableau qu'Abner fait de Mathan doit être continué sur le ton du mépris, mais moins fortement que le passage précédent.

Enfin | *l. h.* depuis deux jours | *l. h.* la superbe Athalie —
l. b. Dans un sombre chagrin | paraît ensevelie.

Dans ce passage, Abner fait part de ses soupçons à Joad. Le premier vers doit donc être dit comme s'il y avait : Enfin je vous dirai que *depuis*, etc.

Je l'observais hier, et je voyais | ses yeux —
Lancer sur le lieu saint | *l. b.* des regards furieux ;
Comme si, *l. b.* dans le fond de ce vaste édifice,
Dieu | cachait un vengeur | *l. b.* armé pour son supplice.

Abner, dans ce tableau, doit non-seulement montrer l'état dans lequel se trouvait Athalie, mais encore rendre l'effet de terreur qu'il a éprouvé en la voyant.

Croyez-moi, *l. h.* plus j'y pense | *h.* et moins je puis douter
Que sur vous | son courroux ne soit près d'éclater,
Et que de Jézabel | *l. b.* la fille sanguinaire —
Ne vienne attaquer *h.* Dieu | jusqu'en son sanctuaire.

Ici Abner veut convaincre Joad, et lui prouver que son noir pressentiment est fondé. Le ton sera persuasif et entraînant.

JOAD.

h. Celui | qui met un frein | *l, h.* à la fureur des flots, —
Sait aussi | *pl. h.* des méchants | *l. b.* arrêter les complots.

Ces deux vers, formant une sentence et étant le fond de la pièce, doivent être bien détachés et surtout empreints de la confiance que Joad a mise en Dieu. Il sera dit avec croyance, simplicité et dignité tout à la fois.

Soumis | *l. b.* avec respect | *l. h.* à sa volonté sainte,
h. Je crains Dieu | cher Abner, | *b.* et n'ai point d'autre crainte.

Ici Joad fait la profession de foi d'un homme vertueux, qui a tellement bien vécu, qu'il ne craint rien, et est prêt à mourir plus tôt que de faire la moindre concession au crime puissant. Tout en montrant l'amour respectueux que Joad éprouve pour Dieu, l'expression doit encore marquer la tranquillité de son âme, qui ne craint pas même la mort. Le ton sera religieux, simple et digne.

Cependant | je rends grâce | au zèle officieux —
Qui, sur tous mes périls, | vous fait ouvrir les yeux.
l h. Je vois | que l'injustice | en secret vous irrite,
h. Que vous avez encor | le cœur israélite :
b. Le ciel en soit béni !

Ce passage rentre dans la conversation, mais dans la conversation soutenue. Le ton de remerciement pour l'intérêt qu'Abner porte à Joad, doit être affectueux. Il faut dire *je vois*, comme s'il y avait, *je vois avec plaisir*, etc. *Le ciel en soit béni !* marque la satisfaction que Joad éprouve en voyant qu'Abner est resté fidèle à ses croyances. Le ton sera onctueux, et, malgré cela, laissera entrevoir que Joad n'a pas que des compliments à adresser à Abner, et qu'ainsi il le prépare à recevoir des reproches.

Mais | ce secret courroux,
l. h. Cette oisive vertu | vous en contentez-vous ?
h. La foi | qui n'agit point | *pl. h*, est-ce une foi | sincère ?

Ces reproches seront faits sans mauvaise humeur ; le ton indiquera que Joad veut détacher Abner du parti d'Athalie. C'est toujours de la conversation.

h. Huit ans déjà passés | une impie étrangère —
Du sceptre de David | *l. h.* usurpe tous les droits,
h. Se baigne | *pl. h.* impunément | dans le sang de nos rois,
pl. h. Des enfants de son fils | détestable homicide,
Et même *b. h.* contre Dieu | lève son bras perfide;

Ce récit des crimes d'Athalie doit être fait avec énergie, mais sans trop de force extérieure.

l. h. Et vous | l'un des soutiens de ce tremblant état,
h. Vous | nourri dans les camps du saint roi Josaphat,
l. h. Qui, sous son fils Joram, | commandiez nos armées,
h. Qui rassurâtes seul | nos villes alarmées
b. Lorsque d'Ochosias | le trépas imprévu —
Dispersa | tout son camp | à l'aspect de Jéhu :

Tout ce passage doit être dit de manière à faire entendre que le grand-prêtre ne conçoit pas comment Abner, qui est un homme de cœur et de talent, peut servir une femme aussi cruelle qu'Athalie.

h. Je crains Dieu, | dites-vous, | *h.* sa vérité me touche!
Voici | *h.* comme ce Dieu | vous répond par ma bouche :

Le grand-prêtre, en disant : *Voici,* etc., se place entre Abner et Dieu. L'expression sera noble, ferme et simple.

Du zèle | de ma loi | *l. h.* que sert de vous parer?
Par de stériles vœux | *l. h.* pensez-vous m'honorer?
Quel fruit | *h.* me revient-il de tous vos sacrifices?
pl. h. Ai-je besoin du sang des boucs et des génisses?
Le sang de vos rois *b. h.* | crie | et n'est point écouté.
h. Rompez, *pl. h.* rompez | tout pacte avec l'impiété;
Du milieu de mon peuple | *b. h.* exterminez les crimes,
Et vous viendrez alors | *b.* m'immoler vos victimes.

Ce n'est plus le grand-prêtre qui fait des reproches à Abner, c'est Dieu ; Joad n'est qu'un interprète qui indique à Abner ce qu'il doit faire pour prouver qu'il est véritablement Israélite. Les sons seront censés venir de loin, et auront du brillant et une grande majesté.

ABNER.

l. h. Eh ! que puis-je | au milieu de ce peuple abattu ?
h. Benjamin | est sans force, et *pl. h.* Juda sans vertu.

On doit entendre qu'Abner dit à Joad : « Je comprends parfaitement tout ce que vous me dites, mais que puis-je faire, seul, au milieu de ce peuple démoralisé ? Voyez Benjamin, etc. » C'est le ton de la conversation simple qu'il convient de prendre.

Le jour | qui de leurs rois | vit éteindre la race,
Eteignit | tout le feu de leur antique audace.
l. h. Dieu même, | disent-ils, s'est retiré de nous :
De l'honneur des Hébreux | autrefois si jaloux,
h. Il voit | sans intérêt | leur grandeur terrassée,
l. h. Et sa miséricorde à la fin s'est lassée ;
On ne voit plus pour nous | ses redoutables mains —
De merveilles | sans nombre | effrayer les humains ;
l. h. L'arche sainte est muette | *l. b.* et ne rend plus d'oracles.

Abner fait la peinture de l'état d'affaissement et de découragement dans lequel est tombé le peuple. Les sons ne doivent point être brillants, au contraire, ils seront un peu sourds et lâches afin de bien marquer l'indifférence de ce peuple, qui se croit abandonné de Dieu. Mais ce n'est pas tout : il faut encore que l'on entende comme si Abner disait : *Ce n'est malheureusement que trop vrai tout ce qu'on dit.* Sans cela la pensée ne serait pas complète, car Abner ne fait ce tableau que pour légitimer en quelque sorte sa conduite passée.

JOAD.

Et quel temps | fut jamais | *l. h.* si fertile en miracles ?
h. Quand Dieu | par plus d'effets | *h.* montra-t-il son pouvoir ?

7

Cette apostrophe doit être faite avec dignité. Devant le second vers, on mettra : *Je vous le demande, Abner, quand*, etc.

> Auras-tu donc | toujours | des yeux pour ne point voir,
> *b*. Peuple ingrat ? Quoi ! *l. h.* toujours | les plus grandes mer-
> *h*. sans ébranler ton cœur, *l. b.* frapperont tes oreilles ? [veilles,

Ce reproche que Joad adresse au peuple doit être dit avec un ton paternel. C'est un bon père, affligé d'être contraint d'adresser des plaintes à des enfants qu'il aime. Il faut un peu de larmes dans la voix.

> Faut-il, | *b*. Abner, | *l. h.* faut-il | vous rappeler le cours
> Des prodiges fameux | accomplis en nos jours ?
> *h*. Des tyrans d'Israël | les célèbres disgrâces,
> *pl. h.* Et Dieu | trouvé fidèle | en toutes ses menaces ?

Ce passage rentre dans la conversation, mais animée.

> L'impie Achab détruit | et de son sang trempé —
> *l. h.* Le champ | que par le meurtre | il avait usurpé ;
> *h*. Près de ce champ fatal | Jézabel immolée,
> *pl. h.* Sous les pieds des chevaux | cette reine foulée ;
> Dans son sang inhumain | *h*. les chiens désaltérés,
> *pl. h.* Et de son corps hideux | les membres déchirés ;

Si ces tableaux sont faits avec vigueur, mais avec des sons sourds, et pourtant toujours croissants, ils inspireront l'horreur.

> Des prophètes menteurs | *h*. la troupe confondue,
> *b. h.* Et la flamme du ciel | sur l'autel descendue ;

Le mot *flamme* doit être dit dans des sons brillants, et finir par des sons bas pour imiter la flamme qui descend.

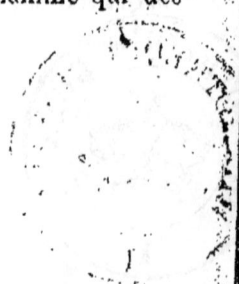

b. h. Élie | aux éléments | parlant en souverain,
h. Les cieux | par lui fermés | et devenus d'airain,
pl. h. Et la terre | trois ans sans pluie et sans rosée !

Le ton sera celui du commandement, comme si Elie forçait encore la terre et les cieux à lui obéir.

Les morts | *t. h.* se ranimant à la voix d'Elisée !

Il faut que le commencement du mot *ranimant* soit dit d'abord un peu bas, et que le son aille en augmentant afin d'imiter les morts qui sont censés soulever avec peine les pierres qui les recouvrent, et qui ensuite se dressent sur leurs tombeaux.

Reconnaissez, Abner, | à ces traits éclatants —
l. h. Un Dieu | tel aujourd'hui | qu'il fut dans tous les temps ;
h. Il sait | *b.* quand il lui plaît | faire éclater sa gloire,
Et son peuple | *h.* est toujours | *pl. h.* présent à sa mémoire.

Ce passage rentre dans le ton de la conversation ; seulement il faut en détacher fortement *quand il lui plaît.*

ABNER.

Mais | où sont ces honneurs | à David tant promis,
l. h. Et prédits | même encore | à Salomon son fils ?

On dira comme s'il y avait : *Mais dites-moi donc où sont ces honneurs*, etc.

Hélas ! nous espérions | que de leur race heureuse —
Devait sortir de rois | *l. h.* une suite nombreuse ;
Que, sur toute tribu, *l. h.* sur toute nation, —
L'un d'eux | établirait sa domination,
l. h. ferait cesser partout | la discorde et la guerre,
h. Et verrait à ses pieds | *l. b.* tous les rois de la terre.

On doit entendre dans ce passage : *Il est vrai, nous espérions cela , mais c'était une erreur.*

— 100 —

JOAD.

Aux promesses du ciel | *l. h.* pourquoi renoncez-vous ?

ABNER.

Ce roi , | *l. h.* fils de David , | où le chercherons-nous ?
Le ciel même | peut-il réparer les ruines —
l. h. De cet arbre | séché jusque dans ses racines?
Athalie | étouffa | l'enfant même au berceau.
h. Les morts , après huit ans , *pl. h.* sortent-ils du tombeau ?

Ce passage doit exprimer les regrets d'Abner.

Ah ! si dans sa fureur | elle s'était trompée !
h. Si du sang de nos rois | quelque goutte échappée...

Cette lueur d'espérance sera exprimée par des sons
brillants qui feront voir tout le plaisir qu'éprouverait
Abner à servir encore ses rois.

JOAD.

Eh bien ! que feriez vous !

Dans cette interrogation, Joad veut forcer Abner à
s'expliquer, et savoir définitivement ce qu'il doit penser
de lui.

ABNER.

O jour | heureux pour moi !
h. De quelle ardeur | j'irais reconnaître mon roi !
-*pl. h.* Doutez-vous | qu'à ses pieds | nos tribus empressées?..

L'enthousiasme d'Abner éclate et ne se contient plus ;
il lui semble déjà voir les populations entières se soulever. Les sons auront du brillant et du mouvement, afin
de marquer l'enthousiasme et l'entraînement tout à la
fois.

b. Mais | pourquoi me flatter | de ces vaines pensées?

Abner fait un retour sur lui-même , et ce retour fait

tomber son enthousiasme. Ce vers sera dit avec un soupir.

> Déplorable héritier de ces rois triomphants, |
> Ochosias | restait seul | avec ses enfants :
> Par les traits de Jéhu | *l. b.* je vis percer le père ;
> Vous avez vu les fils | *b.* massacrés par la mère.

Les sons exprimeront le regret et la douleur.

JOAD.

> Je ne m'explique point : mais | quand l'astre du jour —
> Aura sur l'horison | fait le tiers de son tour,
> *l. h.* Lorsque la troisième heure aux prières rappelle,
> Retrouvez-vous au temple | avec ce même zèle ;

Ce passage doit être dit avec le ton de la confidence.

> Dieu | pourra vous montrer | *l. h.* par d'importants bienfaits
> *h.* Que sa parole est stable | *l. b* et ne trompe jamais.

L'onction la plus grande rendra ces deux vers.

> Allez ; pour ce grand jour | il faut que je m'apprête,
> Et du temple | *l. h.* déjà | l'aube blanchit le faîte.

Il ne faut que de la simplicité dans ce passage.

Première scène d'Athalie.

ABNER.

> Oui, je viens dans son temple adorer l'Eternel,
> Je viens, selon l'usage antique et solennel,
> Célébrer avec vous la fameuse journée
> Où sur le mont Sina la loi nous fut donnée.
> Que les temps sont changés ! Sitôt que de ce jour
> La trompette sacrée annonçait le retour,

Du temple orné partout de festons magnifiques,
Le peuple saint en foule inondait les portiques;
Et tous, devant l'autel avec ordre introduits,
De leurs champs, dans leurs mains, portant les nouveaux fruits,
Au Dieu de l'univers consacraient ces prémices;
Les prêtres ne pouvaient suffire aux sacrifices.
L'audace d'une femme, arrêtant ce concours,
En des jours ténébreux a changé ces beaux jours.
D'adorateurs zélés à peine un petit nombre
Ose des premiers temps nous retracer quelque ombre,
Le reste pour son Dieu montre un oubli fatal;
Ou même s'empressant aux autels de Baal,
Se fait initier à ses honteux mystères,
Et blasphême le nom qu'ont invoqué leurs pères.
Je tremble qu'Athalie, à ne vous rien cacher,
Vous-même, de l'autel vous faisant arracher,
N'achève enfin sur vous ses vengeances funestes,
Et d'un respect forcé ne dépouille les restes.

ABNER.

D'où vous vient aujourd'hui ce noir pressentiment ?

JOAD.

Pensez-vous être saint et juste impunément ?
Dès longtemps elle hait cette fermeté rare
Qui rehausse en Joad l'éclat de la tiare;
Dès longtemps votre amour pour la religion
Est traité de révolte et de sédition.
Du mérite éclatant cette reine jalouse
Hait surtout Josabet, votre fidèle épouse.
Si du grand-prêtre Aaron Joad est successeur,
De notre dernier roi Josabet est la sœur.
Mathan, d'ailleurs, Mathan, ce prêtre sacrilége,
Plus méchant qu'Athalie, à toute heure l'assiège;
Mathan, de nos autels infâme déserteur,
Et de toute vertu zélé persécuteur.

C'est peu que le front ceint d'une mitre étrangère,
Ce lévite à Baal prête son ministère,
Ce temple l'importune, et son impiété
Voudrait anéantir le Dieu qu'il a quitté.
Pour vous perdre, il n'est point de ressort qu'il n'invente:
Quelquefois il vous plaint, souvent même il vous vante;
Il affecte pour vous une fausse douceur;
Et par là, de son fiel colorant la noirceur,
Tantôt à cette reine il vous peint redoutable;
Tantôt, voyant pour l'or sa soif insatiable,
Il lui feint qu'en un lieu que vous seul connaissez,
Vous cachez des trésors par David amassés.
Enfin, depuis deux jours la superbe Athalie
Dans un sombre chagrin paraît ensevelie:
Je l'observais hier, et je voyais ses yeux
Lancer sur le lieu saint des regards furieux,
Comme si, dans le fond de ce vaste édifice,
Dieu cachait un vengeur armé pour son supplice.
Croyez-moi, plus j'y pense, et moins je puis douter
Que sur vous son courroux ne soit près d'éclater,
Et que de Jézabel la fille sanguinaire
Ne vienne attaquer Dieu jusqu'en son sanctuaire.

JOAD.

Celui qui met un frein à la fureur des flots,
Sait aussi des méchants arrêter les complots.
Soumis avec respect à sa volonté sainte,
Je crains Dieu, cher Abner, et n'ai point d'autre crainte.
Cependant je rends grâce au zèle officieux
Qui sur tous mes périls vous fait ouvrir les yeux.
Je vois que l'injustice en secret vous irrite,
Que vous avez encor le cœur israélite:
Le ciel en soit béni! Mais ce secret courroux,
Cette oisive vertu, vous en contentez-vous?
La foi qui n'agit point, est-ce une foi sincère?
Huit ans déjà passés, une impie étrangère
Du sceptre de David usurpe tous les droits,

Se baigne impunément dans le sang de nos rois ;
Des enfants de son fils détestable homicide,
Et même contre Dieu lève son bras perfide.
Et vous, l'un des soutiens de ce tremblant état,
Vous, nourri dans les camps du saint roi Josaphat,
Qui, sous son fils Joram commandiez nos armées,
Qui rassurâtes seul nos villes alarmées,
Lorsque d'Ochosias le trépas imprévu
Dispersa tout son camp à l'aspect de Jéhu :
Je crains Dieu, dites-vous, sa vérité me touche !
Voici comme ce Dieu vous répond par ma bouche :
Du zèle de ma loi que sert de vous parer ?
Par de stériles vœux pensez-vous m'honorer ?
Quel fruit me revient-il de tous vos sacrifices?
Ai-je besoin du sang des boucs et des génisses?
Le sang de vos rois crie et n'est point écouté ;
Rompez, rompez tout pacte avec l'impiété,
Du milieu de mon peuple exterminez les crimes,
Et vous viendrez alors m'immoler vos victimes.

ABNER.

Eh ! que puis-je au milieu de ce peuple abattu ?
Benjamin est sans force et Juda sans vertu.
Le jour qui de leurs rois vit éteindre la race,
Eteignit tout le feu de leur antique audace.
Dieu même, disent-ils, s'est retiré de nous ;
De l'honneur des Hébreux autrefois si jaloux,
Il voit sans intérêt leur grandeur terrassée,
Et sa miséricorde à la fin s'est lassée.
On ne voit plus pour nous ses redoutables mains
De merveilles sans nombre effrayer les humains ;
L'arche sainte est muette et ne rend plus d'oracles.

JOAD.

Et quel temps fut jamais si fertile en miracles ?
Quand Dieu par plus d'effets montra-t-il son pouvoir ?
Auras-tu donc toujours des yeux pour ne point voir,

Peuple ingrat? Quoi! toujours les plus grandes merveilles,
Sans ébranler ton cœur, frapperont tes oreilles?
Faut-il, Abner, faut-il vous rappeler le cours
Des prodiges fameux accomplis en nos jours?
Des tyrans d'Israël les célèbres disgrâces,
Et Dieu trouvé fidèle en toutes ses menaces?
L'impie Achab détruit, et de son sang trempé
Le champ que par le meurtre il avait usurpé;
Près de ce champ fatal Jézabel immolée;
Sous les pieds des chevaux cette reine foulée;
Dans son sang inhumain les chiens désaltérés,
Et de son corps hideux les membres déchirés;
Des prophètes menteurs la troupe confondue,
Et la flamme du ciel sur l'autel descendue;
Elie, aux éléments parlant en souverain,
Les cieux par lui fermés et devenus d'airain,
Et la terre, trois ans, sans pluie et sans rosée;
Les morts se ranimant à la voix d'Elisée!
Reconnaissez, Abner, à ces traits éclatants,
Un Dieu tel aujourd'hui qu'il fut dans tous les temps;
Il sait, quand il lui plaît, faire éclater sa gloire,
Et son peuple est toujours présent à sa mémoire.

ABNER.

Mais où sont ces honneurs à David tant promis,
Et prédits même encore à Salomon son fils?
Hélas! nous espérions que de leur race heureuse
Devait sortir de rois une suite nombreuse;
Que, sur toute tribu, sur toute nation,
L'un d'eux établirait sa domination,
Ferait cesser partout la discorde et la guerre,
Et verrait à ses pieds tous les rois de la terre.

JOAD.

Aux promesses du ciel pourquoi renoncez-vous?

ABNER.

Ce roi, fils de David, où le chercherons-nous?

Le ciel même peut-il réparer les ruines
De cet arbre séché jusque dans ses racines ?
Athalie étouffa l'enfant même au berceau.
Les morts, après huit ans, sortent-ils du tombeau ?
Ah ! si dans sa fureur elle s'était trompée !
Si du sang de nos rois quelque goutte échappée...

JOAD.

Eh bien ! que feriez-vous ?

ABNER.

O jour heureux pour moi
De quelle ardeur j'irais reconnaître mon roi !
Doutez-vous qu'à ses pieds nos tribus empressées ?..
Mais pourquoi me flatter de ces vaines pensées?
Déplorable héritier de ces rois triomphants,
Ochosias restait seul avec ses enfants ;
Par les traits de Jéhu je vis percer le père ;
Vous avez vu les fils massacrés par la mère.

JOAD.

Je ne m'explique point ; mais, quand l'astre du jour
Aura sur l'horizon fait le tiers de son cours,
Lorsque la troisième heure aux prières rappelle,
Retrouvez-vous au temple avec ce même zèle.
Dieu pourra vous montrer par d'importants bienfaits,
Que sa parole est stable et ne trompe jamais.
Allez : pour ce grand jour il faut que je m'apprête,
Et du temple déjà l'aube blanchit le faîte.

QUATORZIÈME DISCOURS.

CINQUIÈME EXERCICE.

Le singe qui montre la lanterne magique.

Messieurs,

La fable est, sans contredit, ce qu'il y a de plus difficile à dire. D'abord, il faut que la pensée morale qu'elle
renferme domine le débit ; qu'ensuite on raconte l'anec-
dote que le poète a choisie, par conséquent que l'on soit
narrateur ; il faut en outre que l'on mette en action les
différents personnages que l'auteur fait agir, et dans ce
cas on est acteur. Ainsi, l'on est tout à la fois narrateur
et acteur. La difficulté consiste donc à quitter et reprendre le ton de la narration ; car les personnages qui s'y
trouvent intercalés ne doivent en rien le changer.

C'est du passage continuel de la narration à l'action
et de l'action à la narration que naît la variété, qui donne
tant de charme au débit des fables. Pour les bien dire,
il est nécessaire d'avoir une prononciation nette et facile.

Dans cette fable, Florian donne une leçon aux beaux-
esprits. Comme ce n'est pas un sujet très-sérieux, il le
traite en badinant.

Messieurs les beaux-esprits, | l. h. dont la prose | pl. h. et les
    vers
Sont d'un style pompeux pl. h. et toujours admirable,
h. Mais que l'on n'entend point, | écoutez cette fable,
    Et pl. h. tâchez de devenir clairs.

Ces vers étant une critique maligne, doivent être

rendus avec des sons qui disent le contraire des mots,
c'est-à-dire que l'on entendra que ces beaux-esprits ne
savent que mettre en ordre quelques mots sonores, à la
suite les uns des autres, mais qui n'ont aucun sens. Dans
la fable, les *à parte* ont besoin d'être bien détachés, et
dits comme s'ils se trouvaient entre deux parenthèses;
la plupart ne sont pas autre chose que des traits satiri-
ques, qui produisent beaucoup d'effet parce qu'on ne
les attend pas; ainsi, ce passage, *mais que l'on n'entend point*, a besoin d'être mis dans un autre son de
voix, afin de n'être pas confondu avec la pensée principale.

Un homme, | qui montrait la lanterne magique,
  b. Avait un singe | dont les tours
  Attiraient chez lui | pl. h. grand concours.

Cette narration doit être faite comme si l'aventure fût
arrivée au narrateur.

Jacquot | b. (c'était son nom), | sur la corde élastique
  Dansait et pl. h. voltigeait au mieux,
  Puis faisait le saut périlleux ;
pl. h. Et puis sur un cordon, | b. sans que rien le soutienne,
  Le corps droit, h. fixe, pl. h. d'à-plomb,
  Notre Jacquot | fait tout du long —
  L'exercice | pl. h. à la prussienne.

Dans la fable, il faut avoir soin de donner aux mots
le mouvement de la chose qu'ils imitent; sans cela on ne
produirait aucun effet. Ainsi le mot élastique sera dit
de manière à imiter le mouvement imprimé à la corde,
et le mot *voltigeait* fera voir la légèreté du singe. Dans
ce passage, l'auteur peint son personnage dans deux positions bien différentes; dans la première, il le montre
faisant des exercices qui exigent beaucoup d'adresse et
de mouvement; dans la seconde, au contraire, il le place

dans une position où il ne lui est plus permis d'agir, mais où il est toujours gracieux ; ainsi dans la première, il faudra exprimer sa vivacité par des sons vifs et légers ; et dans la seconde, marquer le sérieux comique qu'il devait avoir, par des sons plus arrêtés.

> Un jour | l. h. qu'au cabaret | son maître était resté,
> pl. b. C'était, | je pense, | un jour de fête,

C'était, je pense, doit être dit comme s'il y avait : *C'était, je crois bien me le rappeler*, etc.

> Notre singe | pl. h. en liberté
> Veut faire | h. un coup de sa tête.

Dans ce passage, on doit entendre : Puisque je suis libre aujourd'hui, il faut que je m'amuse, que je fasse quelque chose de drôle.

> Il s'en va | rassembler les divers animaux —
> Qu'il peut rencontrer | par la ville :
> Chiens, l. h. chats, pl. h. poulets, h. dindons, pl. h. pourceaux, —
> Arrivent bientôt à la file.

Ce tableau doit être fait avec des sons vifs, qui marquent l'empressement que l'on a mis à se rendre à l'appel du singe.

> Entrez, pl. h. entrez, messieurs, pl. b. criait notre Jacquot,
> C'est ici, b. h. c'est ici | qu'un spectacle nouveau —
> Vous charmera | gratis ; | oui, messieurs, à la porte —
> On ne prend point d'argent, h. je fais | pl. h. tout pour l'honneur.

Dans ce passage, on doit imiter ces gens qui montrent des curiosités dans les foires ; mais cependant mettre quelque chose de plus gracieux et de moins important. Jacquot ne travaille point pour de l'argent, par conséquent il n'a que le plaisir de l'affaire. Après le mot *c'est ici*, on ajoutera *seulement*, pour bien faire entendre aux spectateurs que c'est ici seulement qu'on voit du merveilleux. *Oui, messieurs,* sera dit comme si c'était une réponse à quelques personnes de l'assemblée qui sembleraient élever des doutes sur ce qu'un spectacle annoncé avec tant de pompe fût *gratis. Je fais tout pour l'honneur,* devra être dit avec grâce, légèreté et satisfaction.

À ces mots; | chaque spectateur

A ces mots exprimera : Vous concevez que, cela ne coûtant rien, tout le monde s'empresse d'entrer.

Va se placer. On apporte
l. b. La lanterne magique, on ferme | pl. b. les volets,
Et par un discours fait exprès,
Jacquot | l. h. prépare l'auditoire.

Ce passage, rendant compte de tout ce qui s'est fait et de l'importance qu'on a mise à le faire, sera dit en détachant toutes les parties qui font tableau. Des repos bien marqués sont nécessaires.

Ce morceau, h. vraiment oratoire,
b. fit bâiller, h. mais on applaudit.

Bâiller faisant image, et surtout étant en opposition avec *applaudit*, sera dit longuement afin d'imiter l'ennui, et *applaudit*, au contraire, sera dit légèrement, pour simuler de petits applaudissements de complaisance.

Content de son succès | l. h. notre singe | pl. h. saisit —
Un verre peint | qu'il met | l. b. dans sa lanterne.

Ici on doit rendre le ravissement du singe qui vient d'être applaudi. Rien de plus sensible aux applaudissements que les personnes qui ne les méritent pas. Il faut montrer Jacquot saisissant avec le bout des doigts un verre peint, et le poussant avec vivacité dans sa lanterne. Les sons par conséquent seront vifs et pétillants.

> Il sait | l. b. comment on le gouverne,
> Et crie en le poussant : h. Est-il rien de pareil ?
> Messieurs, vous voyez | l. h. le soleil,
> h. Ses rayons pl. h. et toute sa gloire.
> Voici présentement | b. la lune, | et puis | l. h. l'histoire —
> D'Adam, h d'Ève pl, h. et des animaux.
> h. Voyez, messieurs, comme ils sont beaux !
> b. h. Voyez | la naissance du monde, —
> f. h. Voyez...

Tout ce discours doit être dit avec l'enthousiasme d'un homme content de lui-même et qui est dans le ravissement. Les sons seront beaux et brillants, et iront toujours croissant jusqu'à se perdre. Ils resteront suspendus sur le dernier *voyez*....

> Les spectateurs | l. b. dans une nuit profonde,—
> Ecarquillaient leurs yeux | et ne pouvaient | b. rien voir ;

Ce tableau, montrant les spectateurs plongés dans la plus grande obscurité, et ouvrant de grands yeux pour voir les merveilles qu'on leur annonce, sera dit avec des sons un peu sourds et longs, surtout pour le mot *écarquillaient*.

> L'appartement, | pl. b. le mur, | b. b. tout était noir.
> Ma foi, | b. disait un chat, | de toutes les merveilles
> l. h. Dont il étourdit nos oreilles, —
> h. Le fait est | que je ne vois rien.
> b. b. Ni moi non plus, l. h. disait un chien.
> Moi, b. disait un dindon, je vois bien | l. h. quelque chose,
> Mais je ne sais | pl. b. pour quelle cause —
> Je ne distingue pas | b. très-bien.

Ici l'auteur met en scène trois personnages de tempé-

rament tout-à-fait opposé; le nerveux dans le chat, le
sanguin dans le chien, et le lymphatique dans le dindon. Il est reconnu que, dans une réunion de quelques
personnes, les nerveuses seront les premières affectées,
les sanguines viendront ensuite, et les lymphatiques seront toujours les dernières. C'est ce que l'auteur a parfaitement observé. Ainsi, c'est le chat qui, là, représentant une personne nerveuse, témoigne le premier son
impatience. Chacun de ces personnages doit avoir une
prononciation en harmonie avec son tempérament. Comme nerveux, le chat aura une articulation serrée, dont
toutes les syllabes seront comme de petits coups de
marteau. Le chien l'aura plus forte et plus pesante ; et le
dindon l'aura lâche et traînante, ainsi que les personnes
qui ne parlent qu'avec peine : comme il est venu pour
voir quelque chose, et que d'ailleurs il ne veut pas se dé-
ranger, sa phrase sera dite avec l'accent d'une personne
qui veut absolument voir.

> Pendant tous ces discours | l. h. le Cicéron moderne —
> h. Parlait éloquemment | pl. h. et ne se lassait point ;

Sitôt que les conversations sont terminées, il faut continuer et reprendre le mouvement que l'on a laissé ; on
doit voir que le singe n'a rien écouté, et qu'il était tout
à son affaire.

> Il n'avait oublié | l. h. qu'un point :
> C'était | pl. h. d'éclairer sa lanterne.

Le récit est terminé. Dans ce dernier passage, on fera
un grand temps après *oublié*, pour bien détacher *qu'un
point ;* on en fera également un après *c'était*, qu'on
dira en suspendant le son pour fixer l'attention ; et *d'é-
clairer sa lanterne*, sera dit sur un sourire.

Le singe qui montre la lanterne magique.

Messieurs les beaux-esprits, dont la prose et les vers
Sont d'un style pompeux et toujours admirable,
Mais que l'on n'entend point, écoutez cette fable,
    Et tâchez de devenir clairs.
Un homme, qui montrait la lanterne magique,
    Avait un singe dont les tours
    Attiraient chez lui grand concours.
Jacquot, (c'était son nom), sur la corde élastique
    Dansait et voltigeait au mieux ;
    Puis faisait le saut périlleux ;
Et puis sur un cordon, sans que rien le soutienne,
    Le corps droit, fixe, d'à-plomb,
    Notre Jacquot fait tout du long
    L'exercice à la prussienne.
Un jour qu'au cabaret son maître était resté,
    C'était, je pense, un jour de fête,
    Notre singe en liberté
    Veut faire un coup de sa tête.
Il s'en va rassembler les divers animaux
    qu'il peut rencontrer par la ville :
Chiens, chats, poulets, dindons, pourceaux,
    arrivent bientôt à la file.
Entrez, messieurs, entrez, criait notre Jacquot,
C'est ici, c'est ici qu'un spectacle nouveau
Vous charmera, gratis ; oui, messieurs : à la porte
On ne prend point d'argent, je fais tout pour l'honneur.
    A ces mots, chaque spectateur
    Va se placer. On apporte
La lanterne magique, on ferme les volets,
    Et par un discours fait exprès,
    Jacquot prépare l'auditoire.
    Ce morceau, vraiment oratoire,
    Fit bâiller, mais on applaudit.
Content de son succès, notre singe saisit

8

Un verre peint qu'il met dans sa lanterne.
Il sait comment on le gouverne ;
Et crie en le poussant : Est-il rien de pareil ?
Messieurs, vous voyez le soleil,
Ses rayons et toute sa gloire.
Voici présentement la lune, et puis l'histoire
D'Adam, d'Eve et des animaux ;
Voyez, messieurs, comme ils sont beaux !
Voyez la naissance du monde,
Voyez... Les spectateurs, dans une nuit profonde,
Ecarquillaient leurs yeux et ne pouvaient rien voir ;
L'appartement, le mur, tout était noir.
Ma foi, disait un chat, de toutes les merveilles
Dont il étourdit nos oreilles,
Le fait est que je ne vois rien.
Ni moi non plus, disait un chien.
Moi, disait un dindon, je vois bien quelque chose,
Mais je ne sais pour quelle cause
Je ne distingue pas très-bien.
Pendant tous ces discours, le Cicéron moderne
Parlait éloquemment et ne se lassait point ;
Il n'avait oublié qu'un point :
C'était d'éclairer sa lanterne.

QUINZIÈME DISCOURS.

La pauvre fille.

Messieurs,

L'élégie est généralement la plainte d'une âme profondément malade, qui fait entendre ses derniers accents. La délicatesse du sentiment qui s'y trouve exprimé en rend le débit difficile. C'est dans ce genre d'ouvrage qu'il est important de s'identifier avec la pensée entière de l'auteur, d'en saisir la nuance la plus imperceptible, afin de donner, au moyen de légères inflexions, toute la variété qui convient. L'oubli de la plus petite indication se fait sentir; et alors, au lieu d'entendre une musique délicieuse, un son monotone vient fatiguer l'oreille. Les sons de l'élégie sont doux et suaves, et toujours empreints de mélancolie.

C'est une jeune fille de quatorze ans qui vient exhaler sa plainte. La voix sera donc plus souple et plus tendre encore que dans une autre élégie.

> J'ai fui | l. b. ce pénible sommeil —
> Qu'aucun songe heureux n'accompagne ;
> J'ai devancé | l. h. sur la montagne
> Les premiers rayons du soleil.

Ce premier tableau, montrant l'état de malaise de la jeune fille, sera dit avec des sons entrecoupés, qui marquent l'agitation d'une personne qui ne sait que devenir et que faire, qui va, qui vient, etc.

S'éveillant avec la nature,

l. h. Le jeune oiseau | h. chantait sous l'aubépine en fleurs;

l. b. Sa mère | lui portait | b. la douce nourriture;

pl. b. Mes yeux | b. se sont mouillés de pleurs.

Oh! l. h. pourquoi | n'ai-je pas de mère?

pl. h. Pourquoi | ne suis je pas | semblable au jeune oiseau

Dont le nid | se balance | aux branches de l'ormeau?

l. h. Rien ne m'appartient sur la terre,

l. b. Je n'eus pas même de berceau;

Et je suis un enfant | b. trouvé sur une pierre

pl. b. Devant l'église du hameau.

La nature, loin de présenter des tableaux qui fassent diversion à sa tristesse, lui montre un jeune oiseau que sa mère nourrit. A cette scène attendrissante, son âme se brise : *Oh! pourquoi*, etc. ; et le reste sera dit avec des sons plaintifs.

Loin de mes parents exilée,

De leurs embrassements | l. h. j'ignore la douceur,

pl. h. Et les enfants de la vallée

h. Ne m'appellent jamais leur sœur.

Je ne partage point les jeux de la veillée;

l. h. Jamais | l. b. sous son toit de feuillée

h. Le joyeux laboureur | ne m'invite à m'asseoir;

Et | l. b. de loin | je vois sa famille,

l. h. Autour du sarment qui pétille,

h. Chercher | sur ses genoux | les caresses du soir.

Tout ce passage, exprimant l'abandon dans lequel elle se trouve, sera rendu par des sons longs et tristes.

Vers la chapelle hospitalière

l. b. En pleurant | j'adresse mes pas,

l. h. La seule demeure ici-bas,

Où je ne sois point étrangère,

pl. h. La seule | devant moi | qui ne se ferme pas.

Elle remercie Dieu des consolations qu'il lui prodigue

et de l'hospitalité qu'il lui donne. Ces vers seront dits avec un accent religieux, mêlé toutefois de soupirs.

> Souvent | je contemple la pierre
> Où commencèrent mes douleurs,
> l. b. J'y cherche | pl. b. la trace des pleurs —
> Qu'en m'y laissant | b. peut-être | b. b. y répandit ma mère.

Tout en déplorant son sort, elle excuse sa mère et la plaint. Son souvenir agit sur elle, et pensant qu'elle a dû bien souffrir en l'abandonnant, elle pleure. Ici, c'est le sentiment de l'amour filial. Le dernier vers surtout sera dit avec des larmes.

> Souvent aussi | mes pas errants
> l. h. Parcourent des tombeaux l'asile solitaire ;
> Mais | l. b. pour moi | pl. h. les tombeaux | sont tous indiffé-
> La pauvre fille | l. b. est sans parents,   [rents,
> b. Au milieu des cercueils | pl. b. ainsi que sur la terre.

Ce passage présente un tableau et une situation tout à la fois. Dans le tableau on doit voir cette jeune fille qui va dans le cimetière pour interroger toutes les inscriptions, et dans la situation, le chagrin qu'elle éprouve en les trouvant toutes muettes. Dans le premier cas, il faut des sons longs qui marquent quelqu'un qui marche doucement et cherche avec soin, et dans le second également des sons longs, mais mêlés de soupirs qui expriment la douleur et le regret.

> J'ai pleuré | l. h. quatorze printemps —
> Loin des bras | qui m'ont repoussée ;
> Reviens, ma mère, | h. je t'attends —
> Sur la pierre | b. où tu m'as laissée !

Ici, c'est le cri d'une âme qui se brise ; il sera dit comme si elle faisait un dernier effort pour parler, et succomber ensuite.

La pauvre fille | hélas ! | l. b. n'attendit pas longtemps ;
Plaintive | b. elle mourut | pl. b. en priant | b. b. pour sa mère ▪

Le regret qu'éprouve le narrateur en racontant la fin malheureuse de cette jeune fille, qui meurt en priant pour celle qui l'a abandonnée, doit être rendu avec des sons profondément tristes.

On dit | qu'une femme étrangère,
l. b. Un jour | le front voilé, | parut dans le hameau ;
Mais | l. b. parmi les gazons | pl. b. et l'épaisse bruyère,
On ne put découvrir | b. la trace du tombeau.

Ce tableau d'une mère qui vient pour réparer sa faute, et qui en reçoit le châtiment, sera fait avec des sons qui expriment une douleur profonde.

La pauvre fille.

J'ai fui ce pénible sommeil
Qu'aucun songe heureux n'accompagne ;
J'ai devancé sur la montagne
Les premiers rayons du soleil.
S'éveillant avec la nature,
Le jeune oiseau chantait sous l'aubépine en fleurs ;
Sa mère lui portait la douce nourriture :
Mes yeux se sont mouillés de pleurs.
Oh ! pourquoi n'ai-je pas de mère ?
Pourquoi ne suis-je pas semblable au jeune oiseau
Dont le nid se balance aux branches de l'ormeau ?
Rien ne m'appartient sur la terre,
Je n'eus pas même de berceau ;
Et je suis un enfant trouvé sur une pierre
Devant l'église du hameau.
Loin de mes parents exilée,

De leurs embrassements j'ignore la douceur,
    Et les enfants de la vallée
    Ne m'appellent jamais leur sœur.
Je ne partage point les jeux de la veillée ;
    Jamais, sous son toit de feuillée,
Le joyeux laboureur ne m'invite à m'asseoir ;
    Et de loin je vois sa famille,
    Autour du sarment qui pétille,
Chercher sur ses genoux les caresses du soir.
    Vers la chapelle hospitalière
    En pleurant j'adresse mes pas,
    La seule demeure ici-bas
    Où je ne sois point étrangère,
La seule devant moi qui ne se ferme pas.
    Souvent je contemple la pierre
    Où commencèrent mes douleurs ;
    J'y cherche la trace des pleurs
Qu'en m'y laissant peut-être y répandit ma mère.
    Souvent aussi mes pas errants
Parcourent des tombeaux l'asile solitaire ;
Mais pour moi les tombeaux sont tous indifférents :
    La pauvre fille est sans parents
Au milieu des cercueils ainsi que sur la terre.
    J'ai pleuré quatorze printemps
    Loin des bras qui m'ont repoussée :
    Reviens, ma mère, je t'attends
    Sur la pierre où tu m'as laissée !
La pauvre fille, hélas ! n'attendit pas longtemps :
Plaintive, elle mourut en priant pour sa mère.
    On dit qu'une femme étrangère
Un jour, le front voilé, parut dans le hameau ;
Mais, parmi les gazons et l'épaisse bruyère,
On ne put découvrir la trace du tombeau.

SEIZIÈME DISCOURS.

SEPTIÈME EXERCICE.

Le Loup et le Chien.

Messieurs,

La Fontaine prouve dans cette fable que la liberté est préférable à la plus brillante servitude.

> Un loup | n'avait | l. b. que les os | pl. b. et la peau,
> Tant les chiens | l. h. faisaient | h. bonne garde ;
> Ce loup | rencontre un dogue | l. h. aussi puissant | l. b. que beau,
> h. Gras, | pl. h. poli, | qui s'était fourvoyé | h. par mégarde.

La Fontaine commence par faire deux portraits. Le premier, montrant l'état misérable du loup, demandera peu de voix, sera dit du bout des lèvres, et devra exprimer un sentiment de pitié mêlé de répugnance. Le second, montrant l'état prospère du chien, sera fortement et brillamment articulé, et exprimera le plaisir que l'on éprouve à voir quelque chose qui annonce le parfait bonheur.

> L'attaquer, | l. h. le mettre en quartiers,
> Sire loup | l'eût fait | pl. h. volontiers ;
> Mais il fallait livrer | h. bataille,
> pl. b. Et le mâtin | h. était de taille
> b. h. A se défendre | t. h. hardiment.

Ce tableau est assez difficile à bien rendre, parce que la physionomie y joue le principal rôle. En effet, avant de parler, elle indiquera que le loup regarde du coin de l'œil le chien et est prêt à tomber sur lui ; il a l'air de calculer ses forces ; et voyant qu'il pourrait bien n'être pas le plus fort, il hésite. Ainsi la voix marquera dans la première partie de la phrase le désir du loup, et dans la seconde son hésitation.

Le loup donc | l. b. l'aborde | pl. h. humblement,

Le loup, voyant qu'il y a quelque risque à courir, change de résolution et se décide à lui faire une salutation. Tel est le sens de ce vers.

b. Entre en propos | et lui fait | compliment
l. b. Sur son embonpoint | h. qu'il admire.

Après l'avoir salué, il lui parle de la pluie, du beau temps, et enfin de son embonpoint. Outre la peinture de ce tableau, on entendra dans le son que le loup témoigne au chien sa surprise de le voir dans un état si florissant, et le désir d'être aussi heureux que lui.

Il ne tiendra | l. h. qu'à vous, l. b. beau sire,
D'être | l. b. aussi gras | l. h. que moi, b. lui repartit le chien ;

Le chien rend le salut au loup, mais un salut d'honnêteté ; car si le loup craint le chien, le chien ne craint pas moins le loup. Ce sont deux puissances dont les forces sont égales, et qui, par conséquent, se respectent ; car il est reconnu que deux hommes, deux gouvernements de même force ne s'attaquent qu'à la dernière extrémité. *Beau sire* sera donc dit avec affectation.

Quittez les bois, l. b. vous ferez bien ;
Vos pareils | y sont | l. h. misérables,
pl. h. Cancres | h. hères | pl. h. et pauvres diables,
Dont la condition | l. h. est de mourir de faim ;
Car, pl. h. quoi ? rien d'assuré | h. point de franche lipée ;
pl. h. Tout à la pointe de l'épée.
Suivez-moi | h. vous aurez | pl. h. un bien meilleur destin.

Dans ce discours, le chien a l'air de porter le plus

grand intérêt au loup et de le plaindre sincèrement. Le ton sera donc celui de la compassion, mais de la compassion affectée, car il dit tout cela par crainte plutôt que par charité.

Le loup reprit : b. Que me faudra-t-il faire ?

Le loup comprend que, pour avoir tant de bonheur, il faudra travailler ; il lui demande donc quel sera ce travail. Le ton aura un peu de sauvagerie.

Presque rien, b. dit le chien ;

On mettra devant ce vers : O mon Dieu !.... *presque rien*, etc.

l. b. Donner la chasse | aux gens
portant bâtons pl. h. et mendiants,
l. h. Flatter | ceux du logis, pl. h. à son maître | h. complaire,

Mettre devant le premier vers : Seulement *donner*, etc.

Ici, le chien énumère les occupations futures du loup. Le ton variera selon le genre de ces occupations. Dans la première, comme il est question de mettre à la porte les importuns de bas étage, il exprimera le dédain ; dans la seconde, représentant les avantages qu'il y a à être bien avec tout le monde de la maison, il sera gracieux ; et dans la troisième, montrant qu'il faut par-dessus tout plaire au maître, il aura de l'importance et de la soumission.

Moyennant quoi | l. h. votre salaire |
pl. h. Sera | h. force reliefs | pl. h. de toutes les façons,
b. h. Os de poulets | t. h. os de pigeons ;
h. Sans parler | pl. h. de mainte caresse,

On mettra après *moyennant quoi* : Mon cher ami ; et le son exprimera le tout. Ici le chien cherche à convaincre le loup ; aussi lui fait-il un tableau charmant de son bonheur futur. Cette fin du discours doit être dite avec le plus grand enthousiasme, Le son sera brillant et chaleureux.

Le loup | l. b, déjà se forge une félicité —
    Qui le fait | b. pleurer de tendresse.

Le loup est dans le ravissement, il ne sera plus malheureux; au contraire, il va jouir d'un bonheur parfait. Ce passage du malheur à la félicité sera rendu par des sons un peu brillants et doux, qui marquent bien la joie tendre qu'il ressent. Le loup n'hésite plus, il part.

Chemin faisant | pl. h. il vit | h. le cou | pl. h. du chien | t, h. pelé :

Ce vers, marquant la surprise et la crainte du loup en voyant le cou du chien pelé, sera dit en en détachant toutes les parties, afin de montrer une personne qui d'abord voit une chose qui la frappe, puis cherche à s'en rendre compte, et enfin en conçoit de l'inquiétude. Le mot *pelé* exprimera donc une surprise inquiète. Après ce vers, le loup est censé s'arrêter.

        Qu'est cela? b. lui dit-il.

Cette interrogation sera faite avec anxiété.

        — Rien.

Dans ce dialogue on doit montrer que le chien veut éviter une explication ; pour cela on jettera ses réponses pour indiquer qu'il marche toujours.

            — h. Quoi! rien?

L'inquiétude du loup va en croissant, Dans *quoi! rien?* on entendra : Comment ! vous appelez cela rien, vous?

— Peu de chose.

— t. h. Mais encor ?

« Mais enfin je veux savoir quoi, ou je ne vais pas plus loin. »

— Le collier | b. dont je suis attaché,
l. h. De ce que vous voyez | h. est peut-être la cause.

Le chien, se voyant forcé dans ses derniers retranchements, se décide à lui donner une explication. Dans l'espoir de faire passer inaperçu le mot qui marque sa servitude, il le dit tout bas, et comme une chose très-ordinaire et même très-naturelle.

t. h. Attaché! | b. dit le loup;

Comment ! *attaché ?* Le son sera très-long et exprimera une surprise mêlée de terreur.

h. Vous ne courez donc pas
pl. h. Où vous voulez ?

Cette interrogation marquera l'étonnement.

—l. b. Pas toujours, | mais | h. qu'importe?

Mais qu'importe doit être dit comme s'il y avait : « Vous êtes un enfant de faire attention à si peu de chose ; ne parlons plus de tout cela , et suivez-moi. »

—l. h. Il importe | h. si bien, que de tous vos repas
pl. h. Je ne veux en aucune sorte,
b. h. Et ne voudrais pas même | à ce prix | t. h. un trésor.

Il importe si bien, veut dire : « Non, je ne vous suivrai pas, au contraire, etc. » Cette réponse énergique du loup sera rendue par des sons fermes et serrés, qui annoncent une détermination bien arrêtée.

Cela dit, maître loup l. h. s'enfuit | h. et court encor.

Dans ce tableau, on doit montrer le loup se retournant précipitamment et s'enfuyant à toutes jambes. Il a eu tellement peur d'être attaché, qu'il court encore.

Le Loup et le Chien.

Un loup n'avait que les os et la peau,
   Tant les chiens faisaient bonne garde.
Ce loup rencontre un dogue aussi puissant que beau,
Gras, poli, qui s'était fourvoyé par mégarde.
   L'attaquer, le mettre en quartiers,
   Sire loup l'eût fait volontiers ;
   Mais il fallait livrer bataille,
   Et le mâtin était de taille
   A se défendre hardiment.
   Le loup donc l'aborde humblement,
Entre en propos, et lui fait compliment
   Sur son embonpoint qu'il admire.
   Il ne tiendra qu'à vous, beau sire,
D'être aussi gras que moi, lui repartit le chien ;
   Quittez les bois, vous ferez bien ;
   Vos pareils y sont misérables,
   Cancres, hères, et pauvres diables,
Dont la condition est de mourir de faim ;
Car, quoi ? rien d'assuré ; point de franche lippée,
   Tout à la pointe de l'épée.
Suivez-moi, vous aurez un bien meilleur destin.
   Le loup reprit : Que me faudra-t-il faire ?
   Presque rien, dit le chien ;
   Donner la chasse aux gens
   Portant bâtons et mendiants,
Flatter ceux du logis, à son maître complaire,
   Moyennant quoi votre salaire
Sera force reliefs de toutes les façons,
   Os de poulets, os de pigeons,
   Sans parler de mainte caresse.

Le loup déjà se forge une félicité
    Qui le fait pleurer de tendresse.
Chemin faisant, il vit le cou du chien pelé :
    Qu'est-cela ? lui dit-il.
    — Rien. — Quoi! rien ? — Peu de chose.
— Mais encor ? — Le collier dont je suis attaché,
De ce que vous voyez est peut-être la cause.
Attaché! dit le loup ; vous ne courez donc pas
    Où vous voulez ? — pas toujours, mais qu'importe ?
— Il importe si bien, que de tous vos repas
    Je ne veux en aucune sorte,
Et ne voudrais pas même à ce prix un trésor.
Cela dit, maitre loup s'enfuit et court encor.

DIX-SEPTIÈME DISCOURS.

La Prière.

Messieurs,

Cette méditation de M. de Lamartine rentre dans le genre des poésies qui ont besoin, pour être rendues entièrement, d'être dites avec cette musique intérieure que le poète entend lorsqu'il est sous le charme de l'inspiration poétique. Cette musique est un je ne sais quoi de céleste, qui se comprend, mais qui ne peut pas bien se définir. Tout ce que l'on peut faire, c'est de signaler qu'elle existe, que son action est réelle; qu'elle agit sur toutes les intelligences, et que les sons suaves sont les seuls qui lui conviennent On ne saurait donc trop engager les personnes qui voudront interpréter quelques-uns de nos poètes à donner de la suavité à leur voix; sans quoi il leur sera impossible de produire de l'effet dans des pièces purement poétiques.

Cette méditation n'ayant point été composée pour le débit; mais seulement pour la lecture mentale, j'ai dû en enlever tout ce qui m'a semblé nuire au mouvement de la mise en action de la pensée principale, qui est l'âme s'élevant jusqu'à Dieu.

> Le roi brillant du jour | se couchant dans sa gloire,
> Descend | l. b. avec lenteur | de son char de victoire ;
> Le nuage éclatant | l. b. qui le cache à nos yeux —
> Conserve | l. h. en sillons d'or | sa trace dans les cieux —
> Et d'un reflet de pourpre | l. h. inonde l'étendue.

Avant de passer à la prière, M. de Lamartine fait le

tableau de l'état dans lequel se trouvait la nature au moment où son âme a prié. C'est le coucher du soleil qu'il décrit dans ces vers. Les sons doivent être beaux, mais sans beaucoup de force.

> Comme une lampe d'or | dans l'azur suspendue, —
> l. h. La lune | se balance | au bord de l'horizon ;
> Ses rayons affaiblis | l. b. dorment sur le gazon,
> l. h. Et le voile des nuits | pl. h. sur les monts se déplie.

Les sons doivent être comme incertains, afin de marquer le passage du jour à la nuit, et avoir même quelque chose de pâle qui rende ce tableau visible.

> C'est l'heure | l. h. où la nature | l. b. un moment recueillie —
> Entre | la nuit qui tombe | pl. b. et le jour | qui s'enfuit—
> l. h. S'élève | pl. h. au créateur du jour | et de la nuit,
> Et semble offrir à Dieu | h. dans son brillant langage, —
> pl. h. De la création | b. h. le magnifique hommage.

Tout est tellement calme dans la nature au moment du coucher du soleil et du lever de la lune, qu'il semble que la nature se recueille un moment pour s'élever ensuite jusqu'à Dieu.

Cette peinture sera donc faite avec des sons d'abord un peu bas, qui ensuite iront en s'élevant, pour imiter le mouvement ascensionnel de la nature en ce moment.

> Voilà le sacrifice | h. immense, | pl. h. universel ;
> h. L'univers | l. b. est le temple, pl. h. et la terre | pl. b. est l'autel.

Les sons seront très-longs, et même un peu brillants, afin de présenter une image grande et large, qui montre qu'il est question ici de toute la nature.

> Salut | l. b. principe et fin de toi-même | pl. h. et du monde !
> h. Toi | qui rends d'un regard | pl. h. l'immensité féconde,

h. Ame de l'univers, | l. h. Dieu, pl. h. père, h. créateur,
l. b. Sous tous ces noms divers | h. je crois en toi | pl. b. Seigneur,
Et | l. b. sans avoir besoin d'entendre ta parole ,
Je lis | l. h. au front des cieux | pl. h. mon glorieux symbole.

C'est dans le moment où la nature entière s'élève vers
Dieu, que l'âme de M. de Lamartine s'incline devant lui.
Il le voit, il lui parle. Eh bien ! c'est cette situation qu'il
faut rendre. Pour cela, l'imagination doit faire voir
Dieu. On franchit les espaces : le corps est sur la terre,
mais l'âme est dans les cieux. Ainsi, avant de dire *salut*, on s'inclinera doucement devant Dieu. Tous les
mots qui remplacent le mot *Dieu*, ne produiront point
d'effet, s'ils ne renferment pas *toi que j'aime et que
j'adore*. Ainsi *salut* doit être dit comme s'il y avait : *Salut, toi que j'aime et que j'adore*. Il en sera de même
pour *toi*, *qui rends*, etc., et pour *âme de l'univers*, etc.
Comme c'est une âme qui s'élève, les sons seront suaves
et brillants tout à la fois. En outre, c'est une âme con-
tente, qui remercie Dieu de son bonheur.

l. h. L'étendue | pl. h. à mes yeux | h. révèle ta grandeur,
pl. h. La terre | l. b. ta bonté, h. les astres | pl. h. ta splendeur.
h. C'est toi | que je découvre | l. b. au fond de la nature ,

Ce passage sera dit avec exaltation; par conséquent
les sons seront brillants.

pl. h. C'est toi | l. b. que je bénis | pl. h. dans toute créature.

Je bénis veut dire *j'aime*, *je respecte* ; il sera donc
dit avec amour et vénération.

Pour m'approcher de toi | j'ai fui | l. b. dans ces déserts;
l. b. Là, | quand l'aube | l. h. agitant son voile | pl. h. dans les
[airs, —
Entr'ouvre l'horizon | h. qu'un jour naissant colore,
pl. h. Et sème | b. h. sur les monts | t. h. les perles de l'aurore; —

9

Cette peinture du lever du soleil doit être brillante.

Pour moi | h. c'est ton regard | qui du divin séjour —
pl. h. s'entr'ouvre sur le monde | b. h. et lui répand le jour;

Dans ce passage et les suivants, M. de Lamartine dit qu'il voit Dieu partout et qu'il l'adore partout. Ici, c'est le matin.

Quand l'astre | à son midi | l. h. suspendant sa carrière —
M'inonde | l. h. de chaleur | h. de vie | pl. h. et de lumière,
Dans ces puissants rayons | l. h. qui raniment mes sens, —
l. b. Seigneur, | h. c'est ta vertu, pl. h. ton souffle | que je sens.

Ici, c'est le midi; par conséquent les sons auront plus de valeur, plus de force; dans le passage qui suit, au contraire, c'est le soir; c'est le moment de la méditation. Les sons iront donc en diminuant et finiront presque en mourant.

Et quand la nuit | guidant son cortège d'étoiles,
l. b. Sur le monde endormi | b. jette ses sombres voiles,
l. b. Seul | au sein du désert | et de l'obscurité,
b. Méditant | de la nuit | la douce majesté,
l. b. Enveloppé de calme | b. et d'ombre | pl. b. et de silence,
Mon âme | b. de plus près | adore ta présence,
l. b. D'un jour intérieur | b. b. je me sens éclairer,
b. Et j'entends une voix | t. b. qui me dit d'espérer.

On ne saurait trop mettre de suavité, surtout dans les deux derniers vers, qui sont la peinture de l'âme lorsqu'elle se développe en s'approchant de la Divinité; rien de terrestre ne doit se faire sentir. Les sons auront peu d'articulation et seront peu timbrés, afin d'imiter autant que possible le jour intérieur que l'on voit, et cette voix que l'on entend.

Oui, | j'espère, Seigneur, | h. en ta magnificence,

Ce vers sera dit comme s'il y avait, *oui, je suis cer-*

tain, etc. Ici, les sons seront fermes et énergiques, ainsi que pour le vers suivant.

Partout, | h. à pleines mains, | prodiguant l'existence,
Tu n'auras pas | h. borné le nombre de mes jours —
pl. b. A ces jours d'ici-bas | l. b. si troublés | pl. b. et si courts.

On mettra *non* devant *tu n'auras pas*, etc. Le dernier vers doit être dit avec dédain, pour marquer que les plaisirs terrestres ne suffisent pas à la vie de l'âme.

Je te vois | en tous lieux | conserver l. h. et produire;
Celui | qui peut créer | pl. h. dédaigne de détruire;

Ce dernier vers sera dit avec force et énergie.

Témoin de ta puissance | l. b. et sûr de ta bonté,
J'attends le jour sans fin | l. b. de l'immortalité.

Ces deux vers marquant que c'est une âme pure qui s'adresse à Dieu seront dits avec simplicité et calme.

Hâte pour moi, Seigneur, | l. h. ce moment que j'implore;
Ou | si dans tes secrets | b. tu le retiens encore,
Entends | l. h. du haut du ciel | h. le cri de mes besoins:

Ici, c'est la résignation aux ordres éternels, et en même temps une prière respectueuse.

L'atôme | l. h. et l'univers | sont l'objet de tes soins,

Ce vers doit être dit comme s'il y avait : *Je sais, grand Dieu, que l'atôme*, etc. Les sons seront doux et tendres.

Des dons de ta bonté | l. h. soutiens | l. b. mon indigence,
Nourris | mon corps | b. de pain; mon âme | b. d'espérance;
Réchauffe d'un regard | l. h. de tes yeux tout-puissants —
Mon esprit | l. b. éclipsé par l'ombre de mes sens,

Et | l. h, comme le soleil aspire la rosée,
Dans ton sein | h, à jamais | pl. h. absorbe ma pensée.

Toute cette prière doit être dite avec confiance et
amour et finir par des sons légers, qui indiquent que
l'âme n'aspire qu'à s'élever vers Dieu.

La Prière.

Le roi brillant du jour, se couchant dans sa gloire,
Descend avec lenteur de son char de victoire;
Le nuage éclatant qui le cache à nos yeux,
Conserve en sillons d'or sa trace dans les cieux,
Et d'un reflet de pourpre inonde l'étendue.
Comme une lampe d'or dans l'azur suspendue,
La lune se balance au bord de l'horizon;
Ses rayons affaiblis dorment sur le gazon,
Et le voile des nuits sur les monts se déplie.
C'est l'heure où la nature un moment recueillie,
Entre la nuit qui tombe et le jour qui s'enfuit,
S'élève au créateur du jour et de la nuit,
Et semble offrir à Dieu, dans son brillant langage,
De la création le magnifique hommage.
Voilà le sacrifice immense, universel;
L'univers est le temple, et la terre est l'autel.
Salut, principe et fin de toi-même et du monde!
Toi, qui rends d'un regard l'immensité féconde,
Ame de l'univers, Dieu, père, créateur,
Sous tous ces noms divers, je crois en toi, Seigneur,
Et, sans avoir besoin d'entendre ta parole,
Je lis au front des cieux mon glorieux symbole.
L'étendue à mes yeux révèle ta grandeur,
La terre ta bonté, les astres ta splendeur;
C'est toi que je découvre au fond de la nature,
C'est toi que je bénis dans toute créature.

Pour m'approcher de toi j'ai fui dans ces déserts ;
Là, quand l'aube, agitant son voile dans les airs,
Entr'ouvre l'horizon qu'un jour naissant colore,
Et sème sur les monts les perles de l'aurore ;
Pour moi, c'est ton regard qui du divin séjour
S'entr'ouvre sur le monde et lui répand le jour.
Quand l'astre, à son midi, suspendant sa carrière,
M'inonde de chaleur, de vie et de lumière,
Dans ses puissants rayons, qui raniment mes sens,
Seigneur, c'est ta vertu, ton souffle que je sens ;
Et quand la nuit, guidant son cortège d'étoiles,
Sur le monde endormi jette ses sombres voiles,
Seul, au sein du désert et de l'obscurité,
Méditant de la nuit la douce majesté,
Enveloppé de calme, et d'ombre et de silence,
Mon âme de plus près adore ta présence,
D'un jour intérieur je me sens éclairer,
Et j'entends une voix qui me dit d'espérer.
Oui, j'espère, Seigneur, en ta magnificence ;
Partout, à pleines mains, prodiguant l'existence,
Tu n'auras pas borné le nombre de mes jours
A ces jours d'ici-bas si troublés et si courts ;
Je te vois en tous lieux conserver et produire :
Celui qui peut créer dédaigne de détruire.
Témoin de ta puissance et sûr de ta bonté,
J'attends le jour sans fin de l'immortalité.
Hâte pour moi, Seigneur, ce moment que j'implore,
Ou si dans tes secrets tu le retiens encore,
Entends du haut du ciel le cri de mes besoins :
L'atôme et l'univers sont l'objet de tes soins.
Des dons de ta bonté soutiens mon indigence ;
Nourris mon corps de pain, mon âme d'espérance,
Réchauffe d'un regard de tes yeux tout-puissants
Mon esprit éclipsé par l'ombre de mes sens ;
Et, comme le soleil aspire la rosée,
Dans ton sein à jamais absorbe ma pensée.

DIX-HUITIÈME DISCOURS.

NEUVIÈME EXERCICE.

Le Meunier Sans-Souci.

Messieurs,

Dans cette pièce, l'auteur est souvent en scène; il faudra donc l'y maintenir et lui conserver le caractère qu'il a pris, qui est celui du persifleur. Il commence par faire un superbe tableau du roi de Prusse, et il finit en le blâmant de mettre l'Europe en feu pour un peu de gloire. Le ton qui dominera dans tout l'ouvrage sera donc celui du persiflage.

L'homme ⎰ l. h. est ⎰ l. b. dans ses écarts ⎰ l. h. un étrange problème :

Avant de dire ce vers, on est comme plongé dans une profonde réflexion. Cette pensée s'échappe avec peine ; les sons seront sourds.

Qui de nous ⎰ l. b. en tout temps ⎰ est fidèle à soi-même ?

C'est une demande que l'auteur est censé s'adresser. L'interrogation sera donc moins forte que dans un autre cas. Le ton caustique commence à se faire sentir, et doit préparer le trait satirique qui suit :

Le commun caractère ⎰ l. h. est ⎰ pl. h. de n'en point avoir;

On dira ce vers, en ajoutant : « Eh bien ! je vous dirai que les hommes n'ont point de caractère, »

Le matin | l. b. incrédule | l. h. on est | l. b. dévot le soir.

Tel | l. h. s'élève | et l. b. s'abaisse | au gré de l'atmosphère,

l. h, Le liquide métal | enfermé dans son verre,

Les comparaisons demandent généralement un ton un peu plus bas et moins d'articulation. Le narrateur fait ici une grande pause, comme pour réfléchir sur tout ce qu'il a dit, et plus convaincu que jamais de la vérité qu'il vient d'avancer, il conclut qu'au fait

L'homme | l. b. est bien variable ; et ces malheureux rois ,

l. h. Dont on dit tant de mal | ont du bon | l. b. quelquefois.

Le son doit faire entendre dans ce passage qu'il s'en faut beaucoup qu'il plaigne les rois de ce qu'on les accuse ; qu'au contraire il va les accuser lui-même, mais pas ouvertement. C'est ce qu'indique le mot *quelquefois*.

Je l'avouerai | l. h. sans peine | et ferai plus encore ,

J'en citerai | pour preuve | l. h. un trait | pl. h. qui les honore.

Ces deux vers demandent à être dits avec beaucoup de finesse.

Il est | l. h. de ce héros, | pl. h. de Frédéric second,

Qui, | l. b. tout roi qu'il était, | l. h. fut un penseur | b. profond.

Le second vers sera rendu avec un son qui exprime bien la malice ; l'on appuiera fortement sur le mot *profond*.

pl. h. Redouté de l'Autriche, | h. envié dans Versailles,

pl. h. Cultivant les beaux-arts , | au sortir des batailles ,

h. D'un royaume nouveau | pl. h. la gloire | h. et le soutien,

b. h. Grand roi, | pl. h bon philosophe, | h. et fort mauvais chrétien.

Ici le narrateur fait le portrait de son héros. C'est un

avec malice, pour faire pressentir que leur exécution rencontrera des obstacles.

> Où le chétif enclos | l. b. se perdait | b. tout entier.
> Il fallait | l. b. sans cela | renoncer à la vue,
> l. h. rétrécir la façade | pl. b, et courber l'avenue,

Les sons feront sentir combien il serait désagréable de ne point avoir ce moulin, qui, s'il restait, forcerait à refaire les plans.

> Des bâtiments royaux | l. h, l'ordinaire intendant —
> Fit venir le meûnier, | et d'un ton | h. important :

L'intendant est tellement persuadé de la réussite de son plan, qu'il ne voit rien de plus naturel que de faire venir le meunier et de lui demander son moulin. Les sons indiqueront que c'est un homme habitué à jouer le maître.

> Il nous faut | l. h. ton moulin, h. que veux-tu | pl. h. qu'on t'en
> donne ?

Les sons seront dits du bout des lèvres pour exprimer la suffisance.

> Rien du tout ;|car|pl. h.j'entends|l. h. ne le vendre|h. à personne.
> *Il nous faut* | pl. b. est fort bon ; | mon moulin | l. h, est à
> moi, —
> h. Tout aussi bien | au moins | pl. h. que la Prusse | h. est au roi,

Il faut se souvenir des sons avec lesquels on a peint un peu plus haut le meunier, son langage devant être l'expression de son caractère. Nous avons vu que c'était un homme franc et jovial. Dans ses réponses, les sons exprimeront donc la franchise et la goguenarderie.

> Allons, | ton dernier mot | pl. h. bon homme, | et prends-y
> garde.

Allons, *pas tant de raisonnement*, etc. C'est toujours le ton de la suffisance.

Faut-il | vous parler clair ?

Le meunier ne se laisse pas intimider. Les sons seront fermes.

— Oui. | — C'est que je le garde ;
h. Voilà | pl. h. mon dernier mot.

Dans cette dernière partie, les sons auront encore plus d'énergie.

Ce refus effronté —
l. h. Avec un grand scandale | h. au prince est raconté ;

Les sons exprimeront la surprise et l'indignation de l'intendant, et son empressement à rendre compte au roi de l'insolence du meunier ; ils doivent aussi montrer toute la cour occupée de cette grande affaire.

Il mande | l. h. auprès de lui | h. le meunier indocile,

Le roi fait venir le meunier. Le ton marquera le commandement.

Presse, | l. h. flatte,] h. promet. Ce fut peine inutile ;
Sans-Souci | h. s'obstinait :

Presse, *flatte*, *promet;* chacun de ces mots, exprimant une action, doit avoir un ton différent. Le reste sera dit dans des sons qui indiquent la fermeté de Sans-Souci.

Entendez la raison, —
l. b. Sire, je ne puis pas | vous vendre | l. h. ma maison ;
Mon vieux père | l. h. y mourut, | h. mon fils | pl. h. y vient de
naître ;
h. C'est mon *Postdam* à moi. | Je suis tranchant] b. peut-être ;

Ne l'êtes-vous jamais ? | l. h. Tenez, | h. mille ducats —
Au bout de vos discours | pl. h. ne me tenteraient pas.
Il faut | vous en passer; | h. je l'ai dit , | b. h. j'y persiste.

Sans-Souci arrivé devant Frédéric qui le presse, et se voyant forcé de défendre sa propriété, devient orateur. Son discours doit être dit dans des sons fortement accentués et empreints d'un peu de respect, puisqu'il est devant le roi.

Les rois [l. b. mal aisément [souffrent [qu'on leur résiste :

Cette réflexion du narrateur sera dite dans les sons caustiques, en ayant soin de détacher les mots *mal aisément*, afin d'exprimer que Frédéric ne se contient qu'à peine.

Frédéric, [l. h. un moment [par l'humeur emporté :
Parbleu ! [l. h. de ton moulin [h. c'est bien être | pl. h. entêté !
Je suis bon | h. de vouloir | pl. h. t'engager à le vendre ;
h. Sais-tu | pl. h. que, sans argent, | b. h. je pourrais bien le
prendre ?
Je suis | t. h. le maître.

Ici, le monarque ne pouvant souffrir qu'on lui oppose plus longtemps de la résistance, quitte son caractère de philosophe et éclate contre le meunier en le menaçant. On ne doit pas oublier que Frédéric était un guerrier habitué à ne jamais rencontrer d'opposition. Les sons seront vifs et empreints d'irascibilité.

Vous ! | l. h. de prendre | pl. h. mon
moulin ?
Oui, | si nous n'avions pas | h. des juges à Berlin.

Sans-Souci n'est pas intimidé par la menace du roi; au contraire, il reprend son caractère et redevient goguenard. Dans le ton de sa réponse, on entendra qu'il

dit au monarque qu'il est inutile de se mettre en colère,
que d'ailleurs il ne le craint pas, puisqu'il a les tribu-
naux pour lui.

> Le monarque | l. b. à ces mots | revint de son caprice,
> Charmé | l. h. que, sous son règne, | h. on crût à la justice.
> Il rit, | et | l. b. se tournant vers quelques courtisans :

Le son peindra l'étonnement du monarque en enten-
dant cette réplique vigoureuse, et indiquera les chan-
gements qui s'opèrent dans son esprit. Ce n'est plus le
roi, mais le philosophe, enchanté de voir que la justice
est respectée.

> Ma foi, | l. b. messieurs, | l. h. je crois | h. qu'il faut | pl. h.
>   changer nos plans :
> Voisin, | h. garde ton bien, | b. h. j'aime fort | ta réplique.

Les sons du premier vers indiqueront qu'il parle à des
courtisans qu'il est habitué à commander ; il y aura encore un peu du monarque ; mais il n'en sera pas de
même pour les sons du second vers : ici Frédéric oublie
entièrement qu'il est roi, et se livre au plaisir qu'il
éprouve. Il appelle le meunier *son voisin*, expression
familière. Les sons seront donc francs et remplis d'amé-
nité.

> Qu'aurait-on fait de mieux | l. h. dans une république ?
> Le meilleur | l. h. est | l. b. pourtant | h. de ne pas s'y fier.
> Ce même | Frédéric | l. h. juste envers un meûnier, —
> Se permit | l. h. mainte fois | telle autre fantaisie ;
> Témoin | l. b. ce certain jour | l. h. qu'il prit la Silésie ;
> h. Qu'à peine | sur le trône, | pl. h. avide de lauriers,
> b. h. Epris | du beau renom | qui séduit les guerriers,
> Il mit | t. h. l'Europe en feu.

L'auteur satisfait demande si l'on eût pu faire mieux,
même dans une république. Comme il reprend de suite

son esprit particulier, qui est la causticité, le son exprimera donc une satisfaction mêlée d'un peu de malice, qui indiquera que son héros n'a pas toujours été fidèle à cette maxime.

Ce sont-là | l. h. jeux de prince;
On respecte | l. b. un moulin, | h. on vole | pl. h. une province.

Après avoir prouvé que les hommes sont variables, l'auteur finit par un trait satirique et philosophique, qui condamne les rois qui se font un jeu de ravager la terre.

———————

Le Meunier Sans-Souci.

L'homme est dans ses écarts un étrange problème :
Qui de nous en tout temps est fidèle à soi-même ?
Le commun caractère est de n'en point avoir ;
Le matin incrédule, on est dévot le soir.
Tel s'élève et s'abaisse, au gré de l'atmosphère,
Le liquide métal enfermé dans son verre.
L'homme est bien variable ; et ces malheureux rois,
Dont on dit tant de mal, ont du bon quelquefois.
Je l'avouerai sans peine, et ferai plus encore ;
J'en citerai pour preuve un trait qui les honore ;
Il est de ce héros, de Frédéric second,
Qui, tout roi qu'il était, fut un penseur profond ;
Redouté de l'Autriche, envié dans Versailles,
Cultivant les beaux-arts, au sortir des batailles,
D'un royaume nouveau la gloire et le soutien,
Grand roi, bon philosophe, et fort mauvais chrétien.
Il voulait se construire un solitaire asile
Où, loin d'une étiquette arrogante et futile,
Il put, non végéter, boire et courir les cerfs,
Mais des faibles humains méditer les travers ;

Et, mêlant la sagesse à la plaisanterie,
Souper avec Dargens, Voltaire et La Mettrie.
Sur le côteau riant par le prince choisi,
S'élevait le moulin du meunier Sans-Souci.
Le vendeur de farine avait pour habitude
D'y vivre au jour le jour, exempt d'inquiétude ;
Et, de quelque côté que vînt souffler le vent,
Il y tournait son aile et s'endormait content.
Très-bien achalandé, grâce à son caractère,
Le moulin prit le nom de son propriétaire,
Et des hameaux voisins les filles, les garçons,
Venaient à Sans-Souci pour danser aux chansons.
Sans-Souci... Ce doux nom, d'un favorable augure,
Devait plaire aux amis des dogmes d'Epicure.
Frédéric le trouva conforme à ses projets,
Et du nom d'un moulin honora son palais.
Hélas ! est-ce une loi sur cette pauvre terre
Que toujours deux voisins entre eux auront la guerre ;
Que la soif d'envahir et d'étendre ses droits
Tourmentera toujours les meuniers et les rois.
En cette occasion le roi fut le moins sage :
Il lorgna du voisin le modeste héritage.
On avait fait des plans fort beaux, sur le papier,
Où le chétif enclos se perdait tout entier.
Il fallait sans cela renoncer à la vue,
Rétrécir la façade et courber l'avenue.
Des bâtiments royaux l'ordinaire intendant
Fit venir le meunier, et d'un ton important :
« Il nous faut ton moulin : que veux-tu qu'on t'en donne ?
— Rien du tout ; car j'entends ne le vendre à personne.
Il nous faut est fort bon ; mon moulin est à moi,
Tout aussi bien au moins que la Prusse est au roi.
— Allons, ton dernier mot, bonhomme, et prends-y garde.
— Faut-il vous parler clair ? — Oui. — C'est que je le garde.
Voilà mon dernier mot. » Ce refus effronté
Avec un grand scandale au prince est raconté.
Il mande auprès de lui le meunier indocile,

Presse, flatte, promet; ce fut peine inutile.
Sans-Souci s'obstinait : « Entendez la raison,
Sire, je ne puis pas vous vendre ma maison ;
Mon vieux père y mourut, mon fils y vient de naître,
C'est mon *Postdam* à moi. Je suis tranchant peut-être :
Ne l'êtes-vous jamais ? Tenez, mille ducats,
Au bout de vos discours, ne me tenteraient pas.
Il faut vous en passer ; je l'ai dit, j'y persiste. »
Les rois mal aisément souffrent qu'on leur résiste.
Fréderic, un moment par l'humeur emporté :
« Parbleu ! de ton moulin c'est bien être entêté ;
Je suis bon de vouloir t'engager à le vendre !
Sais-tu que, sans argent, je pourrais bien le prendre ?
Je suis le maître. — Vous ! de prendre mon moulin !
Oui, si nous n'avions pas des juges à Berlin. »
Le monarque, à ces mots, revint de son caprice,
Charmé que, sous son règne, on crût à la justice.
Il rit, et se tournant vers quelques courtisans :
« Ma foi, messieurs, je crois qu'il faut changer nos plans ;
Voisin, garde ton bien, j'aime fort ta réplique. »
Qu'aurait-on fait de mieux dans une république ?
Le meilleur est pourtant de ne pas s'y fier.
Ce même Frédéric, juste envers un meunier,
Se permit mainte fois telle autre fantaisie ;
Témoin ce certain jour qu'il prit la Silésie ;
Qu'à peine sur le trône, avide de lauriers,
Epris du beau renom qui séduit les guerriers,
Il mit l'Europe en feu. Ce sont-la jeux de prince,
On respecte un moulin, on vole une province.

————

CONCLUSION.

Je n'ai pu donner à ce *Manuel* tous les développements que j'aurais désiré ; cependant je crois en avoir dit suffisamment pour mettre les personnes qui voudront se livrer à l'étude de la parole en état de le faire avec succès. Je n'ai rien omis des choses principales ; ainsi le son, sa formation et sa division sont traités de manière à former une bonne prononciation. Je me suis principalement étendu sur cette partie, parce qu'elle est la plus négligée, quoique étant de toute nécessité. Il est presque impossible qu'une personne puisse manier facilement la parole, si elle ne connaît parfaitement les positions naturelles de la bouche pour l'articulation des lettres et pour la formation du son. Le son est un ; par conséquent il ne peut y avoir qu'une manière de le former.

Il ne faut jamais perdre de vue que nous avons un instrument dans la bouche, et que, par conséquent, il en est de lui comme de tous les autres ; c'est-à-dire qu'on ne peut en tirer un son juste, qu'autant que les organes chargés de le former sont bien placés. Supposons que vous vouliez produire le son de *fa* sur un piano, et que vous placiez vos doigts sur les touches qui forment le *si*, vous aurez beau faire, jamais vous ne tirerez d'autre son que le *si*. Eh bien ! il en est de même pour la voix. Vous ne ferez de son que celui qui résultera de la position de tel ou tel organe. Il est donc de la plus grande importance de les bien placer.

On ne saurait trop encourager MM. les professeurs à abandonner la routine suivie jusqu'à ce moment, et à entrer franchement dans une route vraie. Qu'ils ne se bornent donc plus à dire à leurs élèves que telle lettre

10

forme tel son, mais comment il faut placer les organes pour former tel son ou telle lettre. Par ce moyen qui m'a toujours réussi, ils feront, je n'en doute pas, disparaître les vices de prononciation et les accents de province. En outre, comme les sons se divisent en longs et brefs, ils habitueront l'oreille de leurs élèves à les distinguer; car c'est elle qui les empêchera de les dénaturer, de faire bref un son long, et de manquer ainsi aux lois de l'harmonie. Ce n'est pas tout encore : ils doivent apprendre à leurs élèves à diviser les phrases de manière à plaire à l'oreille, à satisfaire l'intelligence, et les exercer souvent en leur faisant dire des morceaux de tous genres.

L'expérience m'a démontré que les meilleures leçons de lecture, qui ne sont pas appuyées par des exemples frappants, ne donnent que des résultats secondaires; tandis, au contraire, que des exemples, qui sont l'expression vivante de la pensée, font faire aux élèves de rapides progrès, quand même ils seraient dépourvus d'explications.

Les maîtres ne doivent point oublier qu'il est un proverbe, qui dit: *Tel maître, tel élève* (1); par conséquent on est en droit de dire d'eux, si leurs élèves ne savent ni lire, ni parler : C'est qu'ils l'ignorent eux-mêmes.

Maintenant que la parole est appelée à jouer un

(1) M. le Proviseur du collége d'Orléans m'a raconté qu'il y a quelques années, il se trouvait à ce collége un professeur de sixième, qui parlait et lisait très-bien. Il exigeait par conséquent de ses élèves qu'ils soignassent leurs lectures et leur langage. Les élèves ne tardèrent point à profiter des bons exemples que leur donnait leur professeur; et lorsque les inspecteurs entrèrent dans leur classe pour les interroger, ils furent étonnés de leur manière de lire et de réciter. Le rapport fait sur le professeur et sur sa classe lui valut de l'avancement.

grand rôle, il y aurait plus qu'un tort à la négliger, et les pères de famille deviendraient eux-mêmes complices, s'ils toléraient plus longtemps ce qui existe. Ils doivent exiger des instituteurs et des institutrices qu'ils s'occupent enfin d'apprendre à leurs enfants à lire et à parler leur langue. Qu'on ne vienne pas me dire que cela est impossible pour l'enfance : l'enfance, au contraire, est on ne peut plus propre à ce genre d'étude. Tout l'y porte : la délicatesse de son intelligence, la flexibilité de ses organes. C'est une cire que l'on manie à volonté ; seulement il faut savoir la manier. Dans ce moment je fais un cours au petit séminaire de Versailles, où se trouvent réunis près de deux cents élèves de tout âge. Eh bien ! les plus jeunes sont ceux qui ont fait les plus grands progrès. Il est étonnant d'entendre dire, avec des inflexions justes, l'*Exorde* du père Bridaine, à des enfants de dix ans. Je n'ai donné que vingt leçons, et pas un maintenant ne chante en lisant, beaucoup lisent d'une manière correcte et agréable, et plusieurs disent même très-bien. L'expérience m'a démontré aussi que les succès étaient plus prompts, plus complets, lorsque les leçons étaient données à un grand nombre d'élèves ; j'en ignore la cause, je constate seulement le fait.

Tout me porte à croire que le moment est venu où l'on va enfin s'occuper de l'étude de la parole : l'accueil favorable que je reçois dans presque tous les petits séminaires, et les sympathies que je rencontre chez beaucoup de chefs d'institutions en sont comme les précurseurs. D'ailleurs maintenant ne se trouve-t-il pas à la tête de l'instruction publique un ministre éloquent, qui a été formé sous les inspirations de M. Luce de Lancival. Ce célèbre professeur, qui lisait et disait dans la perfection, a développé chez presque tous ses élèves le goût de l'éloquence. Comme orateur, M. Villemain doit être porté naturellement à protéger la parole. M. Salvandy, bon musicien, a introduit le chant dans les colléges, M. Villemain, bon orateur, doit y introduire l'étude de l'éloquence parlée ; c'est dans l'ordre. Je sais qu'il n'en repousse pas l'enseignement, ainsi que M. Cousin, qui me dit, dans une conversation que j'eus l'honneur d'avoir avec lui, que *les colléges n'étaient point institués pour apprendre à parler le français aux jeunes gens, mais bien le grec et le latin.* Espérons donc que M. le ministre de l'instruction publique exigera des personnes qui se destinent au professorat qu'elles sachent au moins lire afin de pouvoir l'enseigner aux autres. Du reste cette idée n'est point de moi, mais de lui-même. A présent il lui est facile de la mettre à exécution.

Le but principal que je me suis proposé en publiant ce Manuel, a été de fixer l'attention des hommes de savoir sur l'importance de la lecture, sur la nécessité de s'en occuper, et sur les immenses avantages qui en résulteraient pour tous indistinctement, surtout si elle était établie sur des bases fixes, à la portée de toutes les intelligences ; si je les ai convaincus, si je les ai décidés à faire cause commune avec moi et à plaider la cause de la parole, je me trouverai suffisamment récompensé, puisque j'aurai contribué à doter mon pays d'une étude sans laquelle il lui serait impossible d'achever son œuvre de civilisation.

FIN.

TABLE

DES MATIÈRES CONTENUES DANS CE VOLUME.

—

FIN DE LA TABLE.

www.ingramcontent.com/pod-product-compliance
Lightning Source LLC
Chambersburg PA
CBHW060801110426
42739CB00032BA/2358